RECLAIMING THE FIRE

How Successful People Overcome Burnout

內在驅動心理學

你被掏空了嗎？如何從精疲力竭中重燃工作熱情

Steven Berglas

史蒂芬・柏格拉斯

左倩——譯

目錄

Chapter 1

這麼成功，那麼失落 9

Chapter 2

缺乏鬥志是一種心理疾病 43

Chapter 3

你為何總是感到疲憊 79

Chapter 4

得不償失的復仇：傷害自己，是為了報復誰？ 115

Chapter 5

成功者需要女性思維 135

Chapter 6

追求成功，謹防走火入魔 173

Chapter 7

擁抱挑戰、創新和改變 191

Chapter
8

征服高山，不如征服自己的內心

Chapter
9

真正的幸福是個動詞

第一章

這麼成功，那麼失落

若非遭遇人生危機，成功人士很少去諮商心理醫生。實際上，即使正經歷著危機的陣痛，大部分的成功人士也不願承認他們需要「退縮」。我的大部分客戶都由第三方轉介而來，他們覺得如果再不接受專業的心理諮商，他們的同事、朋友或伴侶的情況將變得更糟。若想讓一位成功人士來接受心理醫生或心理諮詢師、企業教練的輔導，你需要花很多精力去勸說。因此，有些人會覺得我的做法很奇怪：每次遇到新病患，我會先指出在他處境中兩個頗具諷刺意味的事實。

第一，沒有人可以隨隨便便成功，每位成功人士都經歷過挫折。職場菁英要有克服困難的能力，在競爭中堅持自我，在變化中適應環境，在逆境中忍受煎熬。成功人士都必須努力做到以下幾點：(1)學習一項新技能；(2)磨練這些技能，才更能展現出自己的才華和能力；(3)拋去現有身分（例如企業家、藝術家、投資者等），創造一個同樣優秀的新身分。成功人士都是征服者，當他們來見我時，我都會提醒他們這一點。我希望他們能正視自己的困境，以征服者的姿態解決問題。

第二，每位成功人士都以「危機」自欺欺人。每當遇到那些在人生中開始走下坡路的人，我都會盡力去幫助他們接受事實。我請他們看「危機」這個詞，這個詞包含兩種含義，既有「危險」，又有「機會」。為了幫助這些成功人士擺脫困境，我的職責就是讓他們專注於「機會」，而不再是「危險」。

然而，要在危機中找尋機會並不是一件容易的事。不一定要把危機理解成即將到來的災難，可以把它看作一個轉折點，一個選擇點，一個改變的機會。我有一個客戶很沉迷於塔羅牌，按他的說法，「死亡牌」有著相似的兩面性，意味著失去，也蘊藏著巨大的潛力。畢卡索說過，「沒有破壞，就不會有創造」。

在我們一生中，「失去」總是會和機會並存，儘管在年輕時這些可能還稱不上危機。當青少年不再是未成年人時（大約就是我們開始找尋自己的存在感之時），他們會更關注於機會，並為之歡呼雀躍。自由自在的成年生活終於到來了！可以開車，可以脫離親人的保護去做一份自己覺得有價值的工作，甚至可以去約會。不可否認的是，當某些熟悉的事物消失時，往往會引起焦慮，但也可能有更令人興奮的挑戰在前方等著你。關鍵在於：**如何理解這些危機，而不是僅僅關注它們可能帶來的潛在威脅**。就像鳥兒總是貪戀鳥巢的溫暖，但相較於天空的遼闊，鳥巢又算得了什麼呢？

對處在危機中的成功人士來說，成功的矛盾之處在於：它們表面上看起來光鮮亮麗，卻讓人感覺沉悶而拘束，但拋棄現狀是要冒很大風險的。當成功人士想要從頭再來，若達不到預想的高度，難免會感到羞愧。但回頭想想，若過著單調枯燥的生活，不能開闊眼界，不能發掘自己的潛力，這樣的危害又該怎麼算呢？要知道，縮在成功的殼裡固然安全，然而代價豈容忽視？

因此，當一些人成功度過了一段危機，再面臨新的危機時，便開始向我尋求諮商。儘管他們已經擁有不少的成功經驗，還是會來尋求我的幫助，希望在面臨即將到來的威脅時，能更好地去應對。第一次來見我的成功人士通常都會害怕失去，害怕苦痛、羞辱，這就是「精疲力竭症」所擔憂的。

精疲力竭症

「精疲力竭症」（Supernova Burnout）讓人倍感煎熬之處在於：成功人士們發現，他們選擇的志業已經無法再給自己帶來心理上的滿足，甚至威脅到自尊。人們總說現在是拜金時代，事實上這種說法有失偏頗，許多職場成功人士，無論男女，在努力工作多年後，都會有「逃離此時此地」的衝動。我見過一些事業有成的管理者，他們多年來身居高位，卻迫切希望我幫他們打開自己手上的「金手銬」；有些專家學者寧願放棄令人羨慕的地位，也要逃離枯燥乏味的生活；有些表演領域的明星，像是運動家、音樂家、演員，對台下粉絲們「再來一個」的安可呼聲表面上微笑以對，心中卻只想趕緊說「再見」。

一個人白手起家達到人生的巔峰後，卻驟然經歷自由落體式的潰敗，終因心魔難除而選擇自殺，這樣的傳奇人物很多，如七〇年代好萊塢喜劇演員佛萊迪・普林茲（Freddie Prinze）、前白宮顧問文斯・福斯特（Vince Foster）、媒體大亨羅伯特・麥斯威爾（Robert Maxwell）、美國製片人大衛・貝格爾曼（David Begelman）等。但是，他們的心理問題不一定是我說的精疲力竭症。據我二十多年來的研究，精疲力竭症常常是由持續不斷的微小瑣事所引發，症狀表現多為「成功之前的焦慮以及成功之後的倦怠」，也就是：**你努力實現了目標，並期待人生能有改善，然而結果並沒有如你所願**。

相較於沒有達到目標，達到目標後卻發現並沒有帶來預期的改變，這種情況更為糟糕。面對失敗時，你總是可以回到起點「再試一下」，而且這會激勵你繼續向前。但是面對成功，你只能問自己「就這樣了嗎」，沒有第二次機會重來。我們對成功總寄予太高的期望，所以失望往往也很大。

所有創造資產階級文化的英雄人物都會去追求成功的職涯，不論是美國作家霍瑞修・愛爾傑（Horatio Alger）筆下的人物，抑或是實業家洛克菲勒（Rockefeller）、梅隆（Mellon）和卡內基（Carnegie），再到當今社會的名流，例如麥可·喬丹（Michael Jordan）、歐普拉·溫芙蕾（Oprah Winfrey）、比爾·蓋茲（Bill Gates）和史蒂夫·凱斯（Steve Case），他們來自不同的種族，性別也不一樣，都已然達到職業生涯的頂峰，並且十分富有。然而，以我的經驗來看，最具影響力的人物往往也最容易患上心理疾病，因夢想破滅而造成深層的精神痛苦。

精疲力竭症的範圍很廣，儘管已經討論了幾個世紀，但人們卻不願承認它的存在。劇作家蕭伯納（George Bernard Shaw）在職業生涯一開始就和這種感覺征戰——他感覺自己被成功和讚賞所困惑：

> 雖然我成功了，卻覺得沮喪，原因不是因為想要驅逐那個「像個沒用的冒牌貨」的自己，而是這份工作讓我沮喪，這種感覺緊緊抓住我。在二十多歲的時候，我有一份非常厭惡的工作，是正常人無法逃脫的那種厭惡……（最終）我擺脫了那種生活。[1]

蕭伯納七十多歲時，在被問及真正聽從自己內心的想法之前，生活是什麼樣子，他寫下前面這段話。大部分接受我心理輔導或指導的職場人士都沒有像蕭伯納那樣

「擺脫現狀」。對於二十多歲的這個年齡來說，來自金手銬的束縛壓力，遠比身上承載的家庭責任和期望要小得多。[2]大部分情況下，受困於精疲力竭症的職場人士早就意識到他們厭惡自己從事的工作，除非有什麼大變動來促使他們放手，否則他們很難得到解脫。

但確實也有很多人——正如正在閱讀本書的你——經歷過和精疲力竭症類似的症狀，但他們不需要求助於專業的心理醫生，他們可以對生活進行自我調節。

有一名女士，我暫且叫她瑪莎，因為她和瑪莎．史都華（Martha Stuart）一樣，都非常謹慎而且有與生俱來的組織才能。她似乎厭倦自己這份經驗豐富的工作，身為財務執行副總裁，她已經在華盛頓附近、《財星》排名前一千大金融公司工作數年。在我設想中，企業的管理團隊在接手一個新商業計畫時，應該是準備充分的，但當我遇到瑪莎時，她對新任務的準備狀態不足卻讓我大吃一驚。第一次見面後，我為她安排了後續的治療計畫，並坦言我的擔憂：「我的感覺是，妳認為收購目標企業對貴公司並不是一個合理的規劃，」我說，「事實上，在我們交談時，妳看起來沒有為企業的發展機會感到興奮，反而為可能面臨的困難憂心忡忡，這讓我很驚訝。」

瑪莎的回應倒是很坦率：「你說得沒錯，但是這和我的工作應該沒有關係。剛得到這個職位時，我有夢想成真的喜悅，但這種感覺很快就消失殆盡。我已經四十一歲，女兒們都已經上高中，但我卻有些嫉妒她們：她們的未來有無限的機會。當我在她們那個年齡時，我在畢業紀念冊上寫的心願是成為『未來的諾貝爾獎得獎者』和『慈善家』。現在即使不算股票，我的薪水遠超過諾貝爾獎獎金的兩倍，但這並沒有讓我感到滿足。我為什麼不能做一些事讓自己看起來更像一個人生贏家，而非平庸的職場人士呢？」

此後，瑪莎和我有過幾次簡短的談話，或許可以這麼說，我是她決定改變的催化劑。那一年多裡，我發現瑪莎一直在尋找加入華盛頓的一些經濟研究機構（她擁有經濟學博士學位）。我告訴她，大多數專業人士擺脫不了惰性是很平常的。在我的催促下，她辭去了工作。

有些人薪資優渥，心理卻得不到滿足，相對來說，他們比起正在經歷精疲力竭症的人所遭受的折磨要更多一些。這類人擔憂自己無法實現期待，或許也因此而痛苦，但他們的問題與工作狂的問題只有程度上的差別。書中列舉的精疲力竭症患者案例都是比較極端的，就像汽車和啤酒品牌都喜歡用美女做廣告，目的只是為了吸引人們的注意力。只有對精疲力竭症有更深度的理解，我們才能明白瑪莎雖然不情願但仍堅持工作多年的心理原因。在接下來章節中所提到的案例，將更完整地解釋衝突、疑惑、焦慮、罪惡感、敵意等是如何引起精疲力竭症，讓讀者們更簡單易懂。

> 我是一個酗酒者……我曾經以為只有失敗者才會酗酒。
>
> ——傑森・羅巴茲（Jason Robards）
>
> （摘自禁酒廣告）

典型的精疲力竭症患者很容易出現健康問題，壓力導致的心血管疾病和臨床憂鬱是經歷職場變化者最常見的症狀。當生理上無法提供宣洩壓力的出口，有些人就會轉而採取自我毀滅的行為。你是否也曾感到疑惑，為什麼有那麼多華爾街大亨被抓到參與所謂的白領犯罪，例如內線交易、性騷擾或者暴力事件等？這些「令人費解」的異常行為通常是一種無能的表現，他們寧願維持表面上光鮮的生活，也不願正視自己的心理問題。

前紐約投資銀行（Keefe, Bruyette & Woods）的CEO詹姆士・麥達莫（James McDermott），被指控進行內線交易和證券欺詐，據傳還和一位名叫瑪麗蓮・斯達爾（Marilyn Starr）的豔星發生醜聞，以至於官司纏身。[3]我能直接說麥達莫的行為是類似故意在求助嗎？顯然不能。我大概接觸過二十多位擁有和麥達莫差不多相同財富、地位、聲名顯赫的男性，這些人輝煌的職業生涯都令人費解地毀在「犯罪行為帶給他們枯燥日常生活的快感」。尤其對百萬富翁們來說，犯罪的金錢成本很低，但是違法的行為卻能為他們單調乏味的生活帶來難以置信的刺激。

有許多承受精疲力竭症折磨的人，會透過自我犧牲的方式從職場中解脫出來，我發現其中大部分人都會選擇酗酒，他們選擇依賴這種不健康的生活方式，試圖逃避厭倦已久的心理禁錮。我曾為幾十名男女治療過酗酒問題。前波士頓棕熊（Boston Bruins）冰球隊的著名球員德瑞克．山德森（Derek Sanderson）允許我講述他的故事，他從地表上收入最高的運動員（甚至超過著名足球運動員比利）淪落為一名無家可歸的酗酒者。[4]山德森的苦難，以及多位從好名聲成為酗酒者的成功人士如演員傑森．羅巴茲（Jason Robards），他們都為我的研究主題提供了一個很好的切入點。

不論是喝酒本身，還是在餐廳或酒吧消磨時間，這都能幫助我更理解成功是如何控制、影響甚至摧毀一個人的職業生涯。可以說，若不是對酗酒的影響產生疑問，或許我還得不出精疲力竭症的理論。

為什麼很多人會變成酒鬼？

多年前，當時我還不到能進酒吧的法定年齡，但在喝酒這件事上，就已經對我有深遠的影響。那時我十五歲，對這個年紀的男生來說，要度過沒有約會的週末，最好方式就是一群人聚在一起喝得大醉，藉此來逃避孤獨。有一天晚上，我喝了太多雞尾酒，感覺頭很暈，跌跌撞撞回到家，吵醒了父親。父親用嚴厲但不失關懷的語氣給我忠告：「兒子，我希望你多做有益的事。你要知道，只有懶惰的人才會喝醉；只有沒工作、無法照顧家庭的人才會喝醉。我希望你做一個成功、有貢獻的人。聽到了嗎？不要做一個遊手好閒的人。」

我永遠都不會忘記父親那天說的話，因為我惱羞成怒，一直在思考他說的「只有遊手好閒的人才會喝醉」這句話一定是錯的。但出於對他的愛和尊敬，我相信他這麼說一定有他的道理，只是我不敢苟同，因為據我自己觀察，有些並非「遊手好閒」的人也經常會喝得酩酊大醉。在決定要研究成功人士酗酒的誘因之前，我遇到兩個更極端的案例，讓我更相信成功和酗酒之間有著一種奇怪的關係。第一個案例發生在美國紐約長島附近舉辦的婚禮和猶太成年禮上。

如果你們對長島南岸的奢侈生活沒什麼概念的話，我就來描述一下美國上流社會的聚會場景：除了為成年人準備的六道菜晚餐和無限暢飲的酒水，猶太成年禮還會為未成年人及他們的朋友準備很多其他娛樂節目，例如彈球機、搖滾樂團演唱、卡通人物裝扮、小丑和魔術師。有些甚至還會請肚皮舞表演。婚禮則更加誇張：桌子中間一般都擺有兩打的長莖玫瑰，多支樂團或管絃樂團的演出是家常便飯，一如新人和家人頻繁的換裝。現場有錄影人員和攝影師同時拍攝，聽起來很奇怪，他們還請了素描畫師和占卜師。

沒花多長時間我就得出結論，參加這些縱酒狂歡盛宴的人並不是所謂的「遊手好閒者」，說得誇張點，他們有很多還是地方菁英人士。而他們慶祝此類事情的方式就是喝醉。這五年來，我因為工作關係參加過不少高檔酒會，看過不下十幾次西裝革履的男人們互相鬥毆的場面，也見過很多次衣著光鮮的夫婦當眾大吵大鬧。我曾定期與一些酗酒者交談，但直到讀研究所時才意識到，與這些人的談話內容，成為我研究「成功者偏愛物質濫用」的理論基礎。

瀕臨崩潰的模特兒

我大學畢業後，同時結束了酒吧的打工生涯，開始在哥倫比亞大學的心理學研究所生活。像大多數在紐約漂泊的學子一樣，我欣然接納了這個世界上最棒的城市所給我的一切資源，包括隨時隨地參加派對的機會。我的一個朋友當時正與一位模特兒約會，她有十分可觀的收入可供揮霍，他們常邀請我去格拉梅西公園附近的義大利餐廳共進晚餐，這是我在學生時代少有的體驗。不久後，這些聚會中的熟面孔——大部分都是和我朋友的女友一起工作的——開始向我吐露心聲，如同美國喜劇《歡樂一家親》（*Frasier*）的費雪．克蘭醫生（Dr. Frasier）的角色一般，很快我就成為紐約大多數名人的知己和顧問。

一九七二年十二月，我成為業餘的精神科醫生，我開始切身體驗到每位心理醫師都熟知的內容：十二月是個非常壓抑的月分，這其中有很多原因，大部分來自聖誕節家庭團聚帶來的心理緊張和壓力。這時心理諮商中心的急診量會暴增，心理醫生開出的抗憂鬱處方是一年中最多的時候。儘管我已習慣有模特兒客戶在嗑藥過量或喝醉後來找我談話，但某次聖誕節前夕發生的事卻令我措手不及。

在一次聚會上，有位女士向我走來，看起來像處在精神完全崩潰的邊緣。我第一個反應就是她喝多了，或可能是正處於要回家和家人共度聖誕的恐懼中。她剛想在我身邊坐下，就摔倒在地上。我把她扶到椅子上，她又猛跌到地上，還雙腿交叉，嘴裡一直唸唸有詞超過五分鐘之久。當我終於把她喚醒時，她卻一直對我罵粗話，絮絮叨叨說著她的絕望。

雖然我之前從未見過這位女士，但我知道她是當時紐約最富有的模特兒之一。她的財富、美麗的容貌、天生的資質毋庸贅言，但是當時她整個人看上去意志消沉。為解決心理問題，她選擇「藥物濫用」，而且服用的是催眠鎮靜的安眠藥，外界通常稱之為安眠酮（Quaaludes）。安眠酮曾經是醫生用來減輕焦慮或治療失眠的藥物，由於濫用的關係，如今已經被列為禁藥。

當黑暗的傍晚過去後，隨著藥物作用褪去，這位女士變得愈發健談。她急切地想與我分享她的人生經歷，在她的鼓勵下，我問了她幾個現在看起來很天真的問題，「我不懂，」我說，「妳已經擁有這個世界能夠給予妳的一切。妳賺了很多錢。妳的名字出現在每個活動和晚宴的首席嘉賓名單上。男人都為妳傾倒。然而妳卻在毀掉自己的生活，這是何必呢？」

「何必呢，」她非常生氣，「你剛才說的都是廢話。你看到的全都是表象，我的美貌是出生時的一場意外，也是你現在跟我說話的原因。你會特別關注一個外表醜陋的女人嗎？你對我擁有的一切印象深刻，但你了解我嗎？你會透過我的外表看到我的內心嗎？你和其他人可以建立情感關係，但每個人都把我當成一件『物體』看待。我的外表決定了人們怎麼看待『我』。問題是我想要一個不一樣的生活，卻沒有勇氣劃破自己的臉！」

自我設限的行為：為失敗找藉口

聖誕假期過後不久，我離開紐約的哥倫比亞大學，前往杜克大學學習，但我在紐約時就已經確定好自己想要從事的職業。我發現，處於事業巔峰的成功人士中——這裡的成功是指擁有巨額物質財富——有相當高的比例都有嗑藥或飲酒過量，並因此給他們自己帶來精神健康和情緒控制問題。為什麼這些已經到達金字塔頂端的成功人士還會做出這些行為？難道不怕因此毀掉自己的職業生涯嗎？那麼多人為了想要被賞識、追求傑出表現和物質報酬，不惜一切地奮鬥，但為何到頭來卻怨恨自己的所有成就？

我回想起在長島所看到的人和事，以及偶遇那位服用安眠酮的模特兒，我注意到他們對自己的成功在態度上十分消極。模特兒們認為自己的成功得來太容易。但其實不是這樣的，時裝模特兒要忍受繁重的工作，並且每次都要以不倦的敬業姿態出場，業內的頂尖模特兒還要「享受」來自仲介、經紀人以及多年合約帶來的心理壓力。

我忽然想到，就像我在婚禮和成年禮上遇到的人一樣，大部分濫用藥品、酒精或為此而吵鬧的人，年齡都較大：那些涉入令人震驚事件的人士，沒有一位是小於三十歲的。我認為，在**被動獲取成功**和透過酒精或藥物來釋放壓力之間，存在著某種連結。

我多年來一直在質疑「只有遊手好閒的人才會喝醉」的理論，由此我領悟到：透過濫用物質或興奮劑釋放壓力可能是有意義的。再回想那位模特兒，我意識到她想要的不過是「逃離」因為外表出眾而被固定的人設。

這位傷感的模特兒與登上雜誌封面的女明星，或者在巴黎時裝週走秀的模特兒不同，她已經無法站立，更不用說要擺姿勢拍照。在安眠藥的影響下，我看到她想要表達的都是：「我不行了……但是我是因為這個藥才不行的！」她把人生最大的賭注押在這種能幫助情緒和思維、以及影響精神的藥物上。

每當想到她，我就會想起電視節目《威爾森秀》（*The Flip Wilson Show*），這個綜藝節目曾經非常受歡迎，擁有很多粉絲。實際上，是威爾森的著名台詞「都是撒旦叫我做的！」引起我的注意（出自他所扮演的角色傑拉爾丁之口）。傑拉爾丁是威爾森的另一種負面人格，總是說沒營養的垃圾話，做一些「好的」威爾森不會做的事。模特兒縱然沒有傑拉爾丁的台詞，但是安眠酮卻賦予她「都是撒旦叫我做的！」的自由，來擺脫她所藐視的生活、和面對阿諛奉承者帶給她的束縛。

我透過思考得出自我設限（**self-handicapping**）理論。逐漸看清位於職場金字塔頂端的菁英所面臨的最大問題就是：因為受人矚目以及不得不戴上面具的生活，讓人們產生巨大壓力。而這個問題在成功之前並不存在。

大部分人都是「成功」這個產物的犧牲者，也很願意為超過自己能力或理解範圍的事做出犧牲。這位濫用藥物的模特兒正是該類困境的典型：一方面，她深知自己外表出眾；另一方面，她卻無法理解為什麼這些需要透過競爭或個人魅力爭取到的回報，到她這裡，用她自己的話說，是因為「出生時的一場意外」。

最終我得出兩個結論：(1)不是透過有意識、經過訓練的或者目標明確的行為所獲得的成功（例如繼承財產或天生美貌），通常會帶來一定的心理負擔；(2)由於缺乏目標明確的動機，人們就會一直擔心自己無法維持這個水準，並竭盡全力避免掉入尷尬境地，除非他們找到什麼藉口來推卸責任。我的自我設限理論具體解釋了人們為什麼以及該如何感覺到需要保護自己，尤其當壓力來自美麗但卻脆弱、或容易被誤解的外表時。[5]

從最基本的來說，自我設限理論是一種有策略的自我表現形式：將自己最好的一面展現於人前，但矛盾的是，這同時提高了絆倒自己的機會。**自我設限的人會開始模糊任何行為上的責任，以減少別人對他們的期待值**。自我設限的人容易緊張，生怕自己的行為讓別人失望。他們會借助外部事物（酒精、毒品等）來抑制自己的表現、阻礙理性思考。一旦受到這些事物影響，自我設限者就找到失敗的藉口。

非偶然的成功

鑑於人們總是不遺餘力地逃離不合理的期待，我策劃了一個實驗，研究「出生時的一場意外所帶來的亮麗外表」這種非偶然成功對人們的影響。我在杜克大學進行一系列的實驗，我招募了一些大學生，在他們面前擺上兩種藥物，假裝是吃下後可能會影響智力的藥，一種據稱能提升智力，另一種有類似酒精的作用，可能會影響智力。[6]我告訴他們，為了確認藥物是否確實產生效果，他們要進行兩次智力測驗，一次是服藥前，服藥後再進行一次測驗。他們可以從兩種藥物中自行選擇一種來服用。實際上，我的目標是判斷非偶然的成功——即那位模特兒所經歷的——是否會在實驗中出現，並見於普通的受試者身上。

我把智力測驗分成兩組：偶然性（能力驅使的）和非偶然性成功，他們的試題類似但實則不同。所有試題的類型都相同（基本上與SAT考試的語言和分析能力測試差不多），試卷分為兩種，一種是八〇%的簡單題目及二〇%的困難題目，另一種則是二〇%的簡單題目及八〇%的困難題目。無論做的是哪種，受試者在服藥前的測驗結果都收到相同回覆：「恭喜你，你在杜克大學的學生中拿到最高分。」結果，一半的受試者——偶然性成功條件下的這一組，也就是試卷有較多困難題目的人，他們對於收到的回饋都欣喜若狂。而在非偶然性成功條件組的學生就比較失落。他們會懷疑接下來是否真的有能力複製自己的成功，畢竟這是在自己不可控因素下完成的。

得知自己第一次測試的成績很不錯之後，受試者緊接著要選擇服用一種促進或影響智力的藥，由此可以看出受試者自我設限的傾向。跟預想的一樣，大約六七%的男性在得到非偶然性成功的回饋後選擇了抑制智力的藥，而得到偶然性成功回饋的男性只有不到二〇%的人選這種藥。在我之前的幾十項研究中，女性從未表現出有自我設限的傾向，這拓展我研究的新方向。儘管現在大家都認為，自我設限理論講的是「在經濟或人際關係上看起來沒有明顯問題的成功人士，如果他們認為過往的成功都源於非能力因素，則會導致一定的酗酒風險。」[7]但是女性的表現顯然和男性的差異較大。在第五章中會詳細解讀這部分內容，以及在成功期望上表現出的性別差異。

忍受成功折磨的超級巨星

完成上述實驗後不久，我便前往哈佛醫學院從事博士後研究，開始心理診療的實習。一位指導醫生對那位成功後酗酒的模特兒案例很感興趣，於是他開始介紹一些類似情況的VIP病人給我。不久後，我面對的幾乎都是事業有成的病人，他們都有一個共同症狀：成功不但沒有使他們遠離心理壓力，反而加劇了負面情緒的惡化。我很快就決定，是時候該針對這種和成功有關——或者說由成功引起——的心理疾病做更廣泛的調查研究。

樂團男孩

在「成功引發的心理問題」研究中，有件事對我的研究有突破性的幫助，事情源於一個洛杉磯當地搖滾樂團，他們聘請我解決古柯鹼濫用問題。我很快就弄明白，樂團裡每個人都使用古柯鹼來做自我設限。他們悲嘆的不是「沒有人像我們愛別人一樣地愛我們」，也不是「我們害怕達不到歌迷的期望」，正好相反，他們憂鬱的點在於（據鼓手說）：「我們可以上台隨便亂唱，哪怕一邊走調一邊唱『瑪麗有隻小羊羔』這樣的歌，唱完就走，台下的歌迷還是會為之瘋狂。對我們來說這失去了樂趣。那些瘋狂女歌迷一點都不在意她們是跟我們當中的誰發生關係，她們想跟別人吹噓的不過是我們的『名字』。」

從專業層面來說，這個團體的成功是有規劃的，他們經過無數次的表演，但他們自己可能感覺不到，因為這和他們工作的品質無關。引起他們心理不適的原因是他們已經到達職涯的頂峰，而環顧四周都是失敗者，這會導致嚴重的倦怠心理。在第二次會面時，我問樂團主唱：「你歷經千辛萬苦達到自己的目標，而現在只能問一句，『就這樣了』對嗎？」他回答：「醫生，如果你可以治好我們，你都能加入我們樂團了。」

實際上，最終我沒能幫助這支樂團解決沮喪的情緒，但我提供他們一些建議，幫助他們重整旗鼓。我幫助他們正視自己不斷出現的沮喪、憂鬱和極端情況，以及成功後面對再無刺激感的事業時出現的自我破壞行為，而他們其實也給了我很大幫助。那些日子讓我意識到，當人們面臨提早退休、突然辭職、或意外從高階工作離開等情況時，都會出現和樂團團員承受的相同折磨。

麥可．喬丹（Michael Jordan）在帶領芝加哥公牛隊取得NBA三連冠之後宣布退休，震驚了整個體壇。當我看到喬丹所做的決定時，我腦海中對於「成功引發心理問題」的設想又更明確了。

麥可．喬丹的精疲力竭症

在加入芝加哥公牛隊的初期，未成為超級巨星之前，麥可．喬丹在打季前熱身賽時受傷。為了不失去他們的招牌球員，公牛的管理高層決定不讓喬丹繼續打季前賽。這件事讓喬丹很憤怒，於是他爭取到合約條款，可以完全掌控自己是否上場以及出場時間。

一九九三年秋天，即便自己對籃球還有著近乎瘋狂的熱愛，喬丹還是從職業籃壇退休了。他堅持說，退休完全是出於個人意願，因為自己還沒有從父親年前被謀殺的悲痛中走出來。但是媒體都質疑這個說法。外界普遍認為喬丹其實有著賭博的問題，而聯盟要求他「光榮退役」，否則就要暫時停止他參加活動和強制戒賭。儘管這個說法不無道理，但我還是認為喬丹這個令人費解的行為有著更深層的原因：麥可．喬丹深愛職業籃球，他退出職業籃壇是因為精疲力竭症。[8]

我把精疲力竭症定義為一種心理疾病，即當一個有競爭力的人在專業領域已經成功或即將成功時，會經歷一段很長時間的不安、壓抑、沮喪或憂鬱的心理狀態。造成這些現象的原因是，他認為自己受限於工作或職業生涯，並且無從逃脫，也無法得到心理上的滿足。由於不適和焦慮，受精疲力竭症折磨的人，他們通常都會有心理學家稱之為鬧情緒或逃避現實的行為，如物質濫用、拋棄家庭或事業，甚至出現極端和自殘行為。雖然精疲力竭症通常影響的都是中年人居多，但如果更年輕或年長的人獲得巨大成功時，也很容易受此折磨。

精疲力竭症很和現代心理學課本中提到的職業倦怠（burnout）能容易的做出區別。[9]普通的職業倦怠在軍中更為常見，通常被稱為戰爭疲勞症。特點是無力感和無用感，職業倦怠通常還伴隨憤怒和對他人的貶低：對必須遵從指令（不能反抗）的憤怒，對那些自己會努力去幫助但實際並不真正關心的人表現蔑視（社會服務中也存在類似的情況）。

軍隊是這樣處理這種反社會的疲勞症狀：對於作戰中的部隊，提供最完善的後勤保障，讓他們盡可能地休息和放鬆。如果能讓士兵們感覺到被他人賞識並得到戰友們的支持，就會鼓舞他們的士氣，幫助他們認清戰爭的緣由，讓他們覺得用自己的生命去冒險是值得的。

精疲力竭症也是這樣嗎？並不盡然。精疲力竭症患者感受不到別人對其情感上的支持，並非是因為人們疏遠他們。實際正相反，他們覺得自己被別人侵占了，說得更極端一點，別人把他們當成工具，命令他們實現其願望或者維持以前的成功水準。

這聽起來可能有點奇怪，我認為麥可·喬丹會有精疲力竭症的原因在於，他的成功剝奪了他所需要的精神支持，而這種精神支持是他作為職業球員在場上年復一年拚搏的動力。其實喬丹沒有責怪任何人。如果你分析任何一位明星的生活情況，顯而易見同時又很矛盾的是，過去的成就無法保護他們的自尊不受損。實際上，當一個人知道在成功後他會失去一些東西（地位、讚揚等），那麼他對自己能力的評價會比他還是新手時更低。

成功人士會受制於越來越嚴重的自尊心威脅，這是有邏輯可尋的：除非一個人展現出他的競爭力，否則別人不會期待他有所作為。一旦達到一定的職業水準，這個「水準」就會成為別人評判他表現的基準。如果原本的期望過低，可以適當提高，但如果原本的期望過高，卻很難往下調整。

這種矛盾的情況在職場中很常見。看到別人的工作成果沒有達到自己的期望值，我們會感到很不耐煩，因為這個期望值是我們按照一個人之前的「最佳表現」而定的，而且我們知道「如果他下定決心盡全力做的話，是可以做到的」。在一個團體中，人們對你的期望取決於你上一次的成就，這個觀念在心理學上也說得通。一個人過往的成功經歷，會提升外界對他的期望，就是大家會期望他達到或超過他過去的成績。事實上，僅僅為了維持自己創造的標準，一個成功者就必須不斷進步，否則就會被人指指點點。

對麥可．喬丹來說，在帶領公牛隊取得三連冠後，如果接下來沒能奪冠，那麼他會失去很多。根據過去的紀錄而對成就的結果抱持期待，所有人會這麼想都是合理的，包括喬丹自己，都期待他再創佳績——如果他想在三連冠後繼續與公牛隊簽約，就要贏得「四連冠」。事實上，他面對的現實是：不論成功贏得總冠軍有多困難、須要付出多大的拼搏，然而比起這個成功，人們只會聚焦在他的失敗。

在三連冠之後，喬丹獲得的成就已經很高，如果此時失敗就意味著全面的潰敗；除非達到或超越自己所創造的成績，否則他已經無法得到更多心理上的回報，所以喬丹的提前退休決定，可以說是他調整職業生涯的一步棋。如果喬丹當時沒有退休，他可能會承受超乎尋常的心理壓力，對自尊造成傷害。無論過早的退休帶給他什麼樣的心理壓力，與達不到期望的恐懼相比，一定會小得多。

壓力的兩種表現

我認為折磨麥可・喬丹的最後一個問題是，當他尋求四連冠的賽季時，他已經很難再將籃球看作是一種體育比賽。籃球不再是他孩童時玩的遊戲，職業籃球對他來說已經成了單調的工作。心理學家認為，人們在這種重複的工作中感受不到激勵，工作無法提供良性壓力（eustress），意即來自具有刺激性的環境或挑戰中的「好壓力」。

良性壓力和人們普遍熟知的壓力（distress）相反，對生理和心理健康都十分重要。大腦需要來自外部的積極訊息刺激，否則就會在夢境中、想像中，甚至是幻覺中創造自己的刺激。在熟悉環境中做駕輕就熟的事，會阻止這種刺激（外部的積極訊息刺激）以及良性壓力的生成，效果就如同用眼罩或耳塞遮蔽感官刺激。如果你是個高爾夫球手，想像一下你終身只打一個洞。這種感覺和老虎・伍茲在圓石灘要打進第十八個洞才能拿到冠軍相比，更像是希臘神話中薛西弗斯（Sisyphus）永遠推著巨石的痛苦。

為成功而奮鬥展現了體育精神的精髓，但「保持成功」就會變成純粹而單調的工作。為成功奮鬥的人都有機會重新肯定自我價值，但已經成功的人就不會有這種回報。當你為成功而奮鬥時，你會覺得充滿活力、有警覺性，並且心態積極，因為你可以看到自己為一個團體或企業添磚加瓦，幫助其實現所有的潛能。相反地，如果你已經在團體或企業中取得成功，那你可能會覺得疲倦或壓抑，你會被迫去想：「我工作和生活的目的是什麼？難道我要像受雇傭兵一樣只知道賺錢嗎？」對於已經處於世界頂峰的人來說，這也是為何成功會讓人感到侷限的主要外在原因之一。

有些人羡慕成功人士所獲得的成就，殊不知成功也意味著結束，現實一點說，可以稱之為失去：失去挑戰、目標以及動力。大部分以成就導向為動力的人會告訴你，追逐目標的過程——現在很多人稱為狩獵——才能真正將熱情注入你的工作中。一旦目標達成了，很多之前還熱情高漲的成功人士都會因為漫無目標或無精打采而痛苦，因為他們試圖找一個可以追求的目標，但眼前卻已經沒有目標了。

麥可・喬丹的「痊癒」

很多人都知道，喬丹在退休後度過一段不太成功的職棒生涯，十八個月後，他重返籃壇。在他回歸NBA的前半個賽季裡，喬丹並不是核心球員。但在後半賽季中，他又恢復過去的良好狀態，準備帶領芝加哥公牛向另一個三連冠邁進。我相信喬丹是有能力讓自己重新充滿動力的，並且最終達到自己和世界對他的期望，因為他治癒了自己的精疲力竭症。

當他重返職業籃壇時，球技生疏，身材走樣，外界對他的期望出乎意料的低。但是他在過渡期中的「懶惰」，卻成了保護他自尊的最好條件。你可以看到，從停工回歸的喬丹一旦打得跟以前差不多好，對他能力的非議就會減少。表現好了，人們就會稱讚說「看，他克服困難又回來了」，而不是「這才是麥可・喬丹」。

儘管降低期望值讓喬丹卸下了重擔，他不用再擔心有沒有達到自己曾經有過的職業高度，因為人們已經不會在意這些，但這只是造成喬丹精疲力竭症的其中一個原因而已。他還須要喚醒自己「重振並取得成績」的熱情。喬丹如何才能把正向壓力重新帶到比賽中，而不再對比賽感到乏味無聊呢？可以使用一種不需服藥的自我設限策略，類似諺語說的把手放到背後去。

喬丹也是凡人，離開NBA賽場一年多的時間裡，狀態必然會下滑。受限於身體條件的下降，他不再具有超人的技術。喬丹的「狀態平平」在賽場上不但沒有造成他的困擾，恰恰相反，籃球又變得有意思起來，當他打籃球的時候他能夠增強自尊，因為他要去克服障礙，達到目標。

總結來說，喬丹第一次從籃壇退休完成兩個心理學上的目標：既降低外界對他表現的期望值，也提升了自我挑戰的動力。由此可見，當一個人對自己的過往經歷感到壓抑時，就需要找一個新目標，對於我們這些沒有麥可・喬丹般過人天賦的普通人來說，其實更容易一些。

重燃鬥志：普羅米修斯的傳奇

在希臘神話中，普羅米修斯（Prometheus）是泰坦族的後代，這一族早在人類出現之前就居住在地球上。當奧林帕斯山神與泰坦族發生戰爭時，普羅米修斯站在宙斯這邊（宙斯想成為眾神的首領），幫助奧林帕斯居民獲得勝利。戰爭勝利之後，宙斯交付普羅米修斯和他的兄弟一個創造生靈的任務——即補充在戰爭中不幸死亡的動物和人類。在賦予生物生存能力時，普羅米修斯想確保人類比其他動物的地位都高。他認為，如果人類能得到奧林帕斯山的聖火，就能擁有生存和統治的能力。

根據傳說，宙斯拒絕了普羅米修斯，並表示「聖火只能給神使用」。普羅米修斯無法眼睜睜看著自己創造的人類在寒冷中瑟瑟發抖、吃生的食物，便決定從神的手中盜取聖火並帶到人間。這個舉動不僅違反了宙斯的命令，超乎預期的是，聖火不但幫助人類在地球上取得統治權，還帶來創造力和生產力。宙斯最不願看到的事情也發生了：人間誕生了文化和文明。

作為違抗命令的懲處，普羅米修斯被鐵鏈拴在高加索山的山頂上，他在那裡不僅孤獨無援，還要面對宙斯永無止境的處罰：每天都派一隻老鷹來撕開他的皮肉，啄食他的肝臟。

我們該怎麼理解普羅米修斯偷盜火種的行為呢？它是一個勸誡你不要反抗神明的故事嗎？是一種只有犧牲才能得到幸福的悲觀看法嗎？是警告你，神明可以為所欲為嗎？我相信這只是一個普通的故事，描寫一個理想化的希臘神祇給予人類至關重要的東西——火——來幫助我們實現自我期待。

我把普羅米修斯給人類火種的行為，視作人類心理發展和自力更生所需的能量。普羅米修斯的行為激怒宙斯並不奇怪：這為我們帶來了創造力。火將人類從本能的生物變成有思想的個體，這大大超出宙斯原先對人類的設定。在火的幫助下，人類有能力完成很多事。這裡我要辯解一下，不願意接受現狀而採行個人意志的普羅米修斯，是反抗和雄心的原型。在奧林帕斯眾神中，他就像一個不按節拍的鼓手，而且還建立了管絃樂團，給了他們自由表演的舞台。

所有的追夢者在第一次夢想成功時都跟普羅米修斯一樣。不論在實驗室還是矽谷的車庫裡，他們都有著普羅米修斯之心，相信自己能有更好的作為。田徑運動員威瑪・魯道夫（Wilma Rudolph）也有同樣的雄心，儘管天生殘疾，她卻夢想著能比其他女性跑得更快。美國王牌飛官查克・葉格（Chuck Yeager）也是如此，他突破了飛行音障。既然如此，為什麼希臘神話要將普羅米修斯設定成「因為反抗現狀、放眼未來而遭受折磨」呢？哲學家馬可・奧理略（Marcus Aurelius）曾說過：「要對『甚至是最微小的成功』感到滿意，就要想『即使這樣的結果也不容易』。」普羅米修斯的罪過在於他沒有完成小小的成功嗎？他有像希臘神話的伊卡洛斯那般，被詛咒不能飛得離太陽太近、否則雙羽會被熔化嗎？是驕傲自大導致普羅米修斯遭受囚禁與折磨嗎？

上面所說的都對，而且不僅如此。本書講的是生活中的「普羅米修斯」，雖然取得了成功，最終卻被拴在事業的懸崖之上。我以實驗室的研究和臨床案例來闡述精疲力竭症的症狀，並解釋為何人們在達到一定的高度後，容易在心理上陷入困境，這個困境耗盡了他們的主要能量——火，因此他們需要從工作中尋找滿足。

儘管我用普羅米修斯的命運和精疲力竭症做了類比，但切忌將這兩者混淆。遭受精疲力竭症痛苦的人並不介意將自己置於不利境地。相反地，很多現代的「普羅米修斯」們被自己傑出的事業所困擾，只因為種種「正確」的原因：社會的認同、為家庭付出的渴望、對職涯信念的堅持。而周遭其他人則淪為追求目標的犧牲者，因為成功之後，會不斷地追求更多的成功。

除了向讀者介紹精疲力竭症的成因和治療方法外，本書會幫助你理解身邊的普羅米修斯，以他人為鑒，告訴你如何預防自己遭受那些成功者所遇到的巨大痛苦。蕭伯納當年聰明地在職業生涯中逃過一劫，否則也可能被命運扼住咽喉，他曾經說過：「生活在這個世界上的人都要去尋找自己想要的環境，如果沒有找到，那就自己去創造。」

這本書主要在幫助人們避免因追求成功而導致心理問題。我會詳細說明由成功引發的一系列問題、以及如何避免或治癒它們。成功導致的心理病因是有前兆能預防的，就是事先了解成功後會置身於怎樣的危險環境中，本書會講到這些問題。

美國作家約翰·史坦貝克（John Steinbeck）寫道：「如果只想賺錢的話，這很容易。但是人們想要的不止金錢，他們總是想要奢華、愛以及別人的仰慕。」這也是我從成功人士身上所感受到的，他們酗酒、嗑藥，或者在職業巔峰時拋棄自己的工作。讓我來告訴你史坦貝克說得有多麼正確。規劃好職業生涯，只要你願意，就一定有機會得到他人和社會的認同。

第二章

缺乏鬥志是一種心理疾病

世界上只有兩種悲劇。一種是得不到想要的，一種是得到了它。

——奧斯卡．王爾德（Oscar Wilde）

成功最難的地方在於你需要一直保持成功。

——歐文．柏林（Irving Berlin）

成功是什麼？大部分人看到這兩個字的時候都說自己知道答案，但對於這個詞的內涵卻知之甚少。我在一九八六年出版過一本書，書中用兩個章節來解釋成功的定義，我不確定是否已講清楚這些美國夢所傳達的細小概念。[1]在此過程中，我最在意的是如何區分「成功人士」和「僅僅是很有錢的人」。

穩定職業（如做學術研究）風險要比其他職業（例如證券投資）小很多。要是說，一位年薪百萬美元的投資者要比年薪二十萬美元的世界知名歷史學家成功許多，這顯然不恰當。根據我在一九八六年的推論，作為一名成功人士，需要同時獲得物質報酬和社會地位。[2]如果你拚出一番事業，在某個領域內做到名列前茅，並受到業界的認同，那你就是成功的。

善於觀察的人一定已經發現，我這個定義並不完整。當我建構這個理論時，美國正在流行雅痞風，當時的電影《決勝時空戰區》（*Masters of the Universe*）備受推崇，雷根經濟學讓人們相信每個車庫裡都會有一輛賓士，每個人的手腕上都會戴上一隻勞力士手錶。儘管經濟的快速增長注定會繼續，但美國人的態度卻在逐漸轉變。如今人們都在想方設法賺更多錢，而不再像以前那樣享受金錢帶來的樂趣。顯然，不論社會大眾對成功的定義或其作用持什麼看法，這些現象都亟需改變。

在密西根大學進行的一次調查中，參與調查者被問到希望藉由什麼來改變他們的生活，最普遍的回答是「更多錢」。[3]研究顯示，儘管美國人均稅後收入比一九六〇至一九九〇年之間的至少增長一倍，然而認為自己「非常幸福」的比例卻不變，維持在總人口的三〇%左右。[4]除此之外，還有研究發現，美國最富裕者的幸福感極少超過普通人。[5]

不幸的是，這個資料只有少數研究人員知道，而全美國上下為人熟知的都是「成功=物質」、「財富=幸福」這樣的等式。美國人堅信在競爭中得到第一名是有內在價值的。我們處在一個消費者時代，更重視物質累積和自我價值之間的關係。有人認為，「誰去世時擁有最多的財富，誰就贏了」就是典型的美國式成功定義。而其他人也忙著用物質證明自己屬於哪個階級。

美國人很在意「最好的」和「最差的」這些榜單，例如《財星》（*Fortune*）五百大、《富比士》（*Forbes*）四百富豪榜等，甚至是時尚設計師布萊克威爾的最差服裝排行榜。但是要說到美國人普遍認同的成功基本定義，就要來回顧一下橄欖球教練文斯．隆巴迪（Vince Lombardi）所說的，「勝利不代表一切，但它是唯一的。」我們的集體潛意識裡認為，除了財富，勝利者還可以得到他人的讚賞，令自己的心理得到滿足。

然而，這些成功的定義，卻無法解釋本書最大的問題：成功與快樂之間的關係——或者更準確地說，假設它們之間存在關聯。對大部分美國人來說，成功更像是一種終結。就像歷史學家克里斯多夫．拉許（Christopher Lasch）指出的，成功能慢慢灌輸自我肯定的感覺。[6]因此，我們有必要用運用詞彙來定義成功，即成功包括物質報酬和顯赫地位，還包括自我形象在成功當中發揮了聲稱的效果。研究顯示，儘管地位提升和物質報酬能給予人們更好的生活，但這並不是必然的。實際上，成功帶來的感覺絕不是嚮往成功的人所期待的感覺。

佛洛伊德（Sigmund Freud）曾經治療過一些因實現長期以來追求的目標而患病的病人。他們的症狀讓佛洛伊德感到震驚，因為之前他的心理分析理論都是建立在「心理出現問題是由於原始慾望（性、進取心等）沒有滿足而導致」的基礎上。他寫道：

> 作為一名心理學家，當我發現有些人的心理出現問題，是由於深埋和珍藏已久的願望成真，這確實令我很吃驚，也很困惑。他們看起來似乎無法承受這般幸福，毫無疑問，這種成就和他們的心理問題之間，是有因果關係的。[7]

成功憂鬱症

根據歷史學家拉許的觀察顯示，美國人堅信成功會滿足自尊心和自我肯定。馬克·蘭茲（Mark Lenzi）在一九九二年巴塞隆納奧運會上獲得三公尺跳板的金牌，他認為自己獲得了成功。根據媒體報導，蘭茲相信獲得金牌會讓他一生都得到社會的關注，有商品代言、做勵志演講、參加慈善高爾夫賽等。[8]結果恰恰相反，他發現自己躺在密西根安娜堡家裡的床上終日啜泣。「它像一堵磚牆撞上了我」，他說道。[9]這裡的「它」是指一種由成功引起的憂鬱，運動員稱之為「奧運後憂鬱」症（post-Olympic depression）。

運動員通常對獲得優異成績後的人生滿懷期待，而現實卻常常達不到預期，由此便產生了「奧運後憂鬱」。所有職業運動員都有可能得這種病症，那些已經達到自己目標的運動員更是深受其害。為什麼對於職業生涯中的競爭和排名早已習以為常的運動員，面對成功會如此不堪一擊呢？因為他們內心都有一個聲音在說，「一旦我拿到了〇〇，我的生活就會一帆風順。」但當他們拿到之後，卻發現也不過如是。

美國最高法院法官小奧利弗・溫德爾・霍姆斯（Oliver Wendell Holmes）九十歲生日時，在一個廣播節目中講述對於馬克・蘭茲這類憂鬱症（尚無心理學上的命名）的看法：

> 在比賽中，參賽者不會在抵達終點時就馬上停下，在完全靜止前還有一段緩衝的過程。人生也是如此，在這段時間裡可以聽聽朋友的意見，告訴自己：「我的任務已經完成了。」但每當這麼說時，總會有一個回應：「比賽結束了，但你的工作還沒有結束。」這段緩衝過程不僅僅是為了停下來休息。只要你還活著，工作是不會停止的。因為生命在於運動，這就是生命的全部。

根據調查研究和霍姆斯法官的說法，**達到目標不但無法確保人們獲得心理滿足感，還很有可能成為心理痛苦的根源**。每個征途的終點，無論是普通比賽還是奧運會，都意味著結束。每一個曾經渴望達到目標的人都會告訴你，在成功後卻無法找到人生存在的意義時，感覺就像身體的某個部分死去了一樣。為了驗證這種觀點，可以思考以下的問題：

1. 我要為「安可」（Encore，表演結束後觀眾要求「再來一個」的讚賞）做些什麼？
2. 我接下來要做什麼？

第一個問題通常會引起我所說的「安可焦慮」，就是對可能無法達到別人的期望而感到恐懼。第二個問題也會引起憂鬱，它意味著現在已經無路可走。我們先來看看那些沒有像霍姆斯法官建議的為未來做好準備的人，遭受到怎樣的痛苦。

從名人到無名小卒

設想一下馬克・蘭茲在一九九二年奧運來臨前一天的生活。以我治療患有成功憂鬱症的職業運動員的經驗，我很確定，在奧運會到來的前幾週或幾個月，蘭茲一直在堅持日常訓練以確保身體狀態，他反覆地練習跳水，接受教練永無止境的指導。在一整天的枯燥訓練結束後，蘭茲感受到充分運動後的爽快，此時身體會釋放一種名為腦內啡的物質到血液中，這是天然的鎮靜劑。這種現象被稱為愉悅感，它和嗑藥產生的感覺很像，不過由於它是人體自然分泌的，所以這種愉快的感覺會讓人特別輕鬆。

讓我們進到蘭茲最重要的一天：他的身體釋放出很多腎上腺素（人體自然分泌的腎上腺素），讓心跳非常有力。但又因為他是一名訓練有素的運動員——心理和生理一樣強大——所以他知道自己加快的心跳代表著進入狀態，而非焦慮。然而，無論如何穩定情緒，他還是覺得忐忑不安。他彷彿看見自己完成了一個完美無瑕的向前翻騰三周半屈體，但同時，他還必須克服壓水花失誤的恐懼，就是在接觸水面時濺起的水花要盡可能小。接著這一刻來臨了：蘭茲達到目標，完成了這一跳，並且贏得金牌。他在國際的運動場上戰勝一票競爭者和自己內心的焦慮，拿到完美的十分。這樣的成就讓他倍感驕傲。

為了理解蘭茲在奧運後的生活發生了什麼，我們需要對比一下他在比賽前所承受的高強度精神刺激，以及在回家後幾近平淡的生活。為了奧運所做的訓練讓蘭茲的自尊得到滿足（來自於提升自己的技術），有目的的行動（增加個人自豪感和愛國情懷）也產生了愉悅感。而回家之後呢？沒有機會滿足自尊了（奧運後沒有什麼白金獎牌，更沒什麼鑲鑽獎牌），沒有枯燥的訓練，也就沒有身體的愉悅感，拿到奧運金牌後的十來年中，也很難再找到比這更有意義的目標。

不過，蘭茲希望在拿到奧運金牌後，「能參與很多後續活動」的夢想並沒有馬上破裂：他和主持人傑·雷諾（Jay Leno）、雷吉斯（Regis）以及凱希·李（Kathie Lee）一同參加巡迴脫口秀的錄製。這些活動都會要他講述之前的比賽狀況，所以也就不難理解為何蘭茲迫切地想要逃離現狀了。

你可以想像在蘭茲的腦子裡，耳邊聽到的都是主持人凱希·李大聲說：「哇，馬克，你得到滿分十分，你當時表現真的很棒！」、「當時的表現太棒了！」這些稱讚都意味著過去，而非現在。說「當時的表現很棒」，是暗示著對將來有所期望。或者，如花旗前總裁沃爾特·里斯頓（Walter Wriston）所言，「當你退休的時候，你就從名人變成無名小卒。」成功是把雙刃劍，讓人產生憂鬱的那一面，就是人們在達到目標後遭受精疲力竭症折磨的主要原因之一。

良性壓力讓人更快樂？

二十世紀九〇年代早期開始，美國的文化就開始推崇企業家。造成這種現象的原因之一，就是報章雜誌開始吹捧新千禧年的英雄們：新興雜誌例如《快公司》（*Fast Company*）、《創業家》（*Entrepreneur*）以及《商業2.0》（*Business 2.0*）等都急於與老牌主流的《*Inc.*》、《成功》（*Success*）等雜誌競爭。而傳統媒體，像是《財星》、《富比士》、《商業週刊》（*Business Week*）等，儘管沒有拋棄原先的讀者群，但它們都新增關於企業家的篇幅。全美國上下的企業管理院系都重新規劃相關課程，以便教授企業大亨們如何建立、管理以及最後賣掉一手打造的企業。我現在在加州大學洛杉磯分校安德森管理學院教一門研究所的課：「企業家精神中的心理學」。十年前，如果我提議開設這門課，大多數校長都會嗤之以鼻。現在，這門課一位難求，整個教室擠滿人。

不幸的是，對企業家來說，成為英雄情結的焦點人物是有代價的：網路企業的億萬富翁們成為人們追趕超越的目標；模仿身價不凡的矽谷菁英生活方式，成了人們邁向成功的捷徑。人們實踐的行動包括參加雷吉斯．菲爾賓的節目《超級大富翁》（*Who Wants to Be a Millionaire?*），或者鑽研像《原來有錢人都這麼做》（*The Millionaire Next Door*）之類的暢銷書，但是這些追隨者中很少有人能透過表象看清億萬富翁們的真實生活。如果仔細研究的話，會發現透過資訊技術革新獲得巨大財富的人，生活也並非一帆風順。

舉個例子，舊金山一些事業心理健康專家已經開設診所來治療患有「一夕致富症候群」（sudden wealth syndrome）的病人，不過說實話，這也不算新事物了。[10]每當美國集中出現二十多歲的暴發戶時，都會為精神治療市場帶來巨大商機，雖然他們擁有巨額財富，但是對什麼都不滿意（還記得那些雅痞嗎？）。而現在唯一稱得上新情況的，是那些任意揮霍的嬰兒潮世代和他們含著金湯匙出生的孩子們，看似已經實現美國夢，但還是聲稱自己過得不夠開心。

在「一夕致富症候群」這種名詞出現以前，米奇・卡普爾（Mitch Kapor）就發現事業能夠在很短的時間內獲得成功，但卻不必然會有快樂的結局。作為蓮花軟體公司（Lotus Development Corp.）的創始人和前任CEO，卡普爾在不到五年的時間裡，就將企業打造成市值二・七五億美元的企業，可以說是站在資訊科技業的頂尖位置。然而令眾人不解的是，在業績達標後不久，他就選擇離開一手創立的蓮花。他告訴《*Inc.*》雜誌，「我選擇辭職是由於個人原因……希望能夠從自己的成功中解脫出來。」[11]

說得更具體些，卡普爾承認，晉升到管理層後就遠離了技術工作的現場，這種成功和他的離職有著密不可分的關係：「在蓮花的創業階段，我和同事一對一工作得很好……但是到了高層，你要管理一個很多人的團隊……我對此並不擅長。我沒有足夠的耐心。當我看到別人工作時，總是忍不住這裡那裡的開口提建議。」[12]

米奇．卡普爾的職涯成功反而給他的心理健康帶來負面影響，這個現象並不稀奇。心理學家已經證明，外界環境的刺激或挑戰會帶給人一種「好的壓力」，當這一良性壓力被剝奪，人們就會去重新尋找新的良性壓力，否則就要承受巨大的心理痛苦。

另一個導致卡普爾不適應的原因在於，成功會使一個人感到過於安全。心理學家和經濟學家的研究都顯示，生活中突然增強的安全感會對人的心理產生深刻影響。荒謬但被經驗驗證過的風險平衡理論（risk homeostasis theory）認為，當政府為企業和個人提供越多的安全保障——監管機構和法律條款將我們生活和工作中的威脅都一一移除——人們就越傾向於從極限運動、創業或投資中找尋快樂。[13]不論你是否相信，尋求風險平衡（會讓你感到危險增加）或尋找良性壓力的機會其實是人們普遍需要的，它甚至會影響動物的健康！

在二十世紀九〇年代初期，曼哈頓中央公園的動物園裡有一頭北極熊成為全美國的頭條新聞，牠拒絕進食，生命垂危。獸醫找不到讓牠進食的辦法，所以請了動物心理學家來診治。醫師們的診斷結果直指，缺乏良性壓力是主要原因：作為傳說中的狩獵者，這頭北極熊在動物園裡看起來無聊透頂。牠最大的不安來自於，牠的食物每天都是準備好的，取得太容易。心理學家讓飼養員將牠的食物藏起來，讓北極熊自己去尋找食物，給牠一點危險去克服。這個理論的重點在於，如果北極熊感覺到自己的生活受到威脅，就必須成為一名成功的狩獵者，牠的熱情將重新被點燃。果然，把食物藏起來後，北極熊很快就恢復正常。

良性壓力模型和風險平衡理論能解釋為什麼億萬富翁們都喜歡極限運動嗎？例如《富比士》雜誌發行人邁爾康．富比士（Malcolm Forbes）參加摩托車比賽，英國維珍集團創辦人理查．布蘭森（Richard Branson）準備打破並創造新的熱氣球旅行記錄，而他們原本都毫無必要冒這種風險的。隨著美國人在經濟上累積了較多的財富和安全感，對極限運動的追求也越來越多，例如跳傘、高空彈跳、山地摩托車競速、登山等。這種趨勢也顯示出缺乏良性壓力會讓人們更想擺脫倦怠的情緒，而且人們為了不讓情緒變得更糟，往往會選擇比較極端的方式挑戰危險。

目標完成了，然後呢？

先前的討論絕對不是在控訴追求成功這件事。相反地，做到CEO職位對心理健康有很大的益處，可以運用這種成就獲取很大的滿足感。然而，這個事實卻有一個很大的風險：許多現代人都堅信，在企業的初創階段，創業者的心理狀態往往是不健康的，他們卻沒有意識到，而在企業成功經營之後，才更有可能出現危害健康的心理問題。大部分的人都認為，過多的工作量會威脅到健康，退休則是終結了艱苦的職業生涯。

對喬治·伊士曼（George Eastman）的家人來說，知道這些可能為時已晚。伊士曼是攝影業巨擘伊士曼柯達（Eastman Kodak）的創始人，在面臨是否選擇遠離自己一手創立、價值十幾億美元的公司，去過更平靜的生活時，他選擇自殺。他在桌前飲彈自盡，並在桌上留下紙條：「我的事都已經完成，還等什麼呢？」一九九七年，我為《*Inc.*》雜誌寫了篇專欄，剖析伊士曼的自殺原因。之後我收到幾十位企業家的來信，他們在信裡訴說自己能體會這種年復一年、日復一日為同一個目標奮鬥，但達到目標後卻感受不到快樂的痛苦。[14]當中不乏在五百大公司身居高位的企業家，但是他們發現自己的樂趣、快樂，或者說職業生涯中的良性壓力都消失了。有一位讀者說，帶領公司上市，坐上總裁位置，把每日的經營工作交給他的營運長（而自己只是每天坐著保時捷兜風），這些都使他覺得如「遭天譴般」痛苦。

我曾經治療過的成功憂鬱症患者中，有一位白手起家的企業家，他把創業的過程比作經營農場。在他看來，不論是整合資源，處理員工的不滿，還是對付市場上的競爭對手，都和電影《城市鄉巴佬》（*City Slickers*）裡比利・克里斯托（Billy Crystal）在大雨中趕牛一樣艱苦。而與之相反的是電視影集《朱門恩怨》（*Dallas*）中的油商小傑（J. R. Ewing），他的日常活動就是看著乳牛從棚內漫步到牧場，再慢慢地回來，我相信編劇一定非常熟悉過分富裕和缺乏良性壓力的問題。在缺乏市場擾亂和自然災害的情況下，劇中這位德州石油大亨的每一天都過得非常安穩，而結果就是自尊也沒有機會得到增長。油商小傑可能只是一個影集角色，但根據我的臨床經驗，一旦成功人士提前感受到生活的安逸，要消除這種倦怠感，比較好的辦法就是讓自己受到一些擾動。

企業縱火犯

很多深受成功憂鬱症困擾的病人告訴我，相較於職業生涯剛開始時的高興與沮喪並存的狀態，抵達職涯巔峰後，反而感覺被困在感官的牢籠裡。還記得我說過，大腦需要受到外部環境的刺激，否則它自身就會產生刺激。有人做過一系列實驗，將受試者帶到空空如也的房間內，給受試者戴上眼罩和耳塞，或把身體包裹起來。幾個小時後，他們的大腦處於飛速運轉狀態，有的人甚至出現類似LSD（麥角二乙胺，一種半人工致幻劑）引起的幻覺。[15]

我不知道有多少企業家在使用會影響意識的藥物，藉此來緩解成功引起的感官憂鬱。但我知道比起嗑藥，有些人則是透過在工作中製造混亂來獲得快感。儘管聽起來不太現實，但我曾經接觸過的二十多位企業家都有這種CEO症候群，我稱之為「企業家縱火」（entrepreneurial arson）。[16]有這類問題的CEO會在一帆風順的公司經營中故意製造一些小麻煩（這裡比喻成縱火）。然後就可以被請去處理這些問題，從而幫助「滅火」。

請勿見怪，英勇的人們選擇警察或消防員當職業，然而在這些公僕之中，「縱火」事件居然也時有所聞。在他們的潛意識中，總覺得在自己創造的事件裡，自己會是第一個被需要的人，從而可以拯救世界，並受到英雄般的待遇。

這種犯罪行為模式被FBI應用到一個叫作罪犯檔案調查的方法中，透過這種方法，FBI曾鎖定了一名警衛李察・朱威爾（Richard Jewell）為主要嫌犯。一九九六年七月二十七日，在亞特蘭大奧運會期間，他涉嫌在百年奧林匹克公園內放置炸彈。[17]朱威爾是報案者，按照慣例也會被當作嫌疑人之一，除此之外還有一個疑點：他似乎患有「警察狂熱」症，總是炫耀自己的破案能力。儘管最後朱威爾洗脫嫌疑，但這種心理學上的歸因技巧還是有一定的效果。例如，在一九八四年洛杉磯奧運會期間，一位警察發現一輛滿載土耳其運動員的巴士上放有炸彈，但事後證明這名警察就是放置炸彈的人。

在自己企業中「縱火」，通常會在企業裡掀起人際衝突，若單純在工作中搞破壞，這種顯而易見的效果等同在大白天投擲汽油彈，並不刺激。如果在人際關係方面惹麻煩，如在組織、家庭或企業內埋下衝突的種子，可就不一樣了，這顯然更有挑戰性：批評這裡（歸因於第三方）、毀謗那裡（透過別的消息傳遞管道），當原本平順的公司開始快分崩離析時，就需要一個人——即企業創始人——來平息戰爭。

實際上，我接觸過的大部分企業縱火犯，都沒有點到即止的意思，他們只想盡可能地對自己一手創立的企業進行破壞，有些甚至是以局外人的身分尋求被需要感。這類人我稱之為「奧茲國的巫師」（Wizard of Oz，《綠野仙蹤》（*The Wonderful Wizard of Oz*）一系列童話故事中的其中之一）。

從故事的角度來說，巫師是無所不能的，唯有當他的弱點被看穿後，他才願意幫助桃樂絲和她的朋友們。缺少良性壓力的企業縱火犯，其實大部分都是非常脆弱的人，他們不願意輕易將自己的情感表露在外。班傑明．富蘭克林（Ben Franklin）曾說過：「空桶才會發出最大的噪音。」儘管站上人生巔峰後看到的風景是多麼的美，但企業縱火犯們還是在製造事端，奧茲國的巫師還是在欺負別人，而他們想要的不過是他人對自己的認同。

有人認為，既然成功會帶來更高的期望值，就需要採用行動來防禦，即對於企業縱火犯來說，他們可以選擇離開這是非之地。但是他們選擇離開並非是被憂鬱所困，只是因為他們害怕無法繼續做出好成績。

在二〇〇〇年七月二十四日的這一週內，兩位著名的網路企業CEO：Marimba公司的金．波利斯（Kim Polese）和iVillage公司的坎蒂絲．卡本特（Candice

Carpenter），都宣布放棄公司的CEO職位，坐上主席位置。[18]這一舉動意味著她們將直接掌握公司的決策與經營——正如當初創業時所做的那樣。雖然還不清楚焦慮是不是阻礙她們的主要原因，但可確定的是，先前的成功已經使她們失去了大多數人認為成功人士都擁有的東西：自由，隨心所欲做自己想做的事。

成功是「更多讚美，更多金錢，更少選擇」

用《少有人走的路》（*Road Less Traveled*，書名暫譯）作者史考特．派克（M. Scott Peck）的話來說，「和失敗一樣，成功會使你失去很多選擇。」以我的經驗來看，派克的話是正確的，但他還是低估了這個問題。實際上，無論是在文化還是心理方面，他都顯得比較保守。先來看一下我們的社會為了取得比過去更大的成功，都做了些什麼。

歷史學家認為，相對美國來說，其他文化對於成功有著更廣泛的定義。[19]在二十一世紀初的美國社會，成功等同於金錢和社會地位的雙豐收。但在其他文化中，尤其是古代的亞洲，不論是無私的人、智者、勇敢的愛國者，還是出色的市民，都可以被定義為成功人士。著名心理學家米哈里．契克森米哈伊（Mihaly Csikszentmihalyi）曾經這樣說：

現在，使一切事物定量化的邏輯產生了美元這種通用公制，人們透過它來評估人類行為的每個方面。一個人的價值和一個人的成就由他們在市場上出售的價格來決定。稱一幅繪畫是優秀的藝術品是無效的，除非它在蘇富比拍賣會賣出高價，同樣我們不能稱一個人很有智慧，除非他或她能有五位數美元的存款作為資本。假設在美國的文化裡物質報酬占統治地位，有這麼多人有如此的想法就不足為奇了：覺得他們能過幸福生活的唯一希望，就是累積他們所能達到的世上的所有財富。[20]

那些在成功中尋求心理滿足感的人們，除了在累積財富方面感到壓力外，在展現競爭力後，他們也常會面對一系列的壓力。具體來說，為了滿足成功定義中的地位條件——成為第一名或在某種比賽中成為唯一的勝利者——人們在心理上生來就習慣一種叫「社會比較」的理論，用以判斷自己所獲得的成就在人們心中的接受程度。[21]簡單地說，如果你是高中的校刊主編，但你不會滿足於此，因為你知道有人在哈佛大學的校刊當主編。如果你想獲得同樣成就，你自然就會去更好的報刊和雜誌社追求主編職位。根據社會比較理論，除非你失敗，或者已經做到《紐約時報》（*The New York Times*）主編這樣的頂端職位，你的主編生涯會一直沿著職業的階梯向上攀爬。

社會比較理論認為，我們每個人都有自我評價的基本需求（以了解自己的表現是好是壞），但做出評價必須有依據。為滿足這種需求，最佳的方式就是將自己的行為與其他相似的個體進行比較。例如，如果你在跑步比賽中勝出，你就會知道自己跑得很快；你在考試中拿到高分，你就知道自己很聰明等。然而，這種動力所導致的問題是「世上跑得最快的人」引發的問題。人們總是努力地去超越最好的，來確保自己是最成功的那一位。

對於競爭力有限的人來說，相對剝奪理論（Relative Deprivation）則會阻礙他們獲得成功感。我們無法透過「和水準相同或較低的人做比較」來獲得成就感，一定要和「比自己水準高」的人來比較，才能感受到完整的自我價值。正如契克森米哈伊所言，現在的問題在於，成功是和財富捆綁在一起的，如果一個人沒有很富裕，那麼他就會一直處於被剝奪的狀態。想一下，有多少億萬富翁認為需要成為公眾人物，或像地產大亨唐納・川普（Donald Trump）一樣，炫耀自己的財富以獲得顯赫的地位。「相對剝奪感」似乎是一種不能被滿足的動力。

「社會比較」需求帶來的最嚴重直接後果就是，為了維持一定地位，替代報酬將會減少。持續成功像是變成一種職業，而留給我們提升社交與情緒品質的時間卻越來越少。[22]有部分心理學觀點認為，投入一個人的全部精力來獲取成功，是非常經濟的做法。當收入和一個人的時間價值提升時，把時間花在其他事情上似乎就不太「划算」了。[23]一旦你夠成功，薪資豐厚，花時間陪伴家人、朋友，或者發展興趣愛好等就會顯得代價高昂；要知道，你陪伴孩子一個小時，足夠你贏得一個新客戶。用這樣的等式來衡量生活，你還有什麼理由停下腳步欣賞路邊的花呢？

美國式的生活一直都有一個特點：除了職業以外，想要獲得能產生更多良性壓力的機會，都是自我毀滅性的。要得到成功，就要做得好，要不停地做，還要做得更好。資本主義建立在班傑明．富蘭克林的名言「時間就是金錢」上，從這個角度來說，職業是被規範定型的，它的價值在於，工作中投入的每小時都要得到盡可能多的報酬。

如今我們常用的說法是ＲＯＩ——投資報酬率（return on investment）——這個概念已經引領職業風向約有五十多年。一個直接的後果就是：一旦你獲得少量的成就後，對複製成功的需求就會紛至沓來，因為它們代表著最高的ＲＯＩ。在心理學上更加糟糕的是，我們的工作和周圍的壓力都在阻止成功人士去體驗有良性壓力的行為，因為他們有能力創造更高的ROI。精疲力竭症最明顯的誘因就是「成功和痛苦之間存在著無法分割的關係」。

安可＝更多重複

無事可做時，我就會感到心神不寧。給我難題，給我工作，給我最難解的密碼，或是最複雜的分析，這樣我才覺得舒適，不需依靠任何人工興奮劑。我厭煩單調乏味的生活，渴求精神上的興奮。

——亞瑟．柯南．道爾（Arthur Conan Doyle）

《四簽名》（*The Sign of Four*）

如果男高音魯契亞諾．帕華洛帝（Luciano Pavarotti）回應台下「安可」的方式只是坐在鋼琴前彈一首賦格曲，台下觀眾一定不買單。他們花一千美元或更多錢買票來欣賞男高音歌唱家的演出，當然期待安可曲是〈公主徹夜未眠〉（*Nessun dorma*）或是類似的高難度唱段。當你成為世界頂尖的男高音歌唱家，擁有無數的讚揚和金錢，就會被期待應該做些與眾不同的事。

即使非藝術表演領域的專業人士，也會覺得需要不斷地精進自己的技藝。你覺得夏洛克．福爾摩斯（Sherlock Holmes）在《四簽名》裡抱怨的是什麼，是不費吹灰之力就解決了案件嗎？沒有什麼是比既定的事實更無趣的了。福爾摩斯只有在用他天賦異稟的大腦去深入思考犯罪者心理時，才會感到興奮。他和每一位成功者一樣，覺得很難找到具有挑戰性的難題，也很難找到與他同病相憐的人。

如果一個人在某方面擁有超凡才能，那麼太過易如反掌則可能是他焦慮與煩惱的來源，他也會失去做其他事的機會。例如說，一名合約法專家擅長在商業交易中起草合約，客戶願意支付他每小時五百美元的費用。設想一下，如果有一天他宣布投身刑事辯護，他的公司會掀起怎樣的波瀾。確實，律師約翰尼．科克倫（Johnnie Cochran，在辛普森殺妻案中擔任辛普森辯護律師）靠著為犯罪嫌疑人辯護賺了一筆，但他遠沒有那些為五百大公司打官司的人賺得多。

但難就難在這裡：具備二十多年商業官司的經驗，對各類企業財務問題瞭如指掌，因此有資格要求大筆費用，但任何有創新精神的律師，當他們不斷做重複的事情時，是很容易折損工作熱情的，因為這就像是伙伴和客戶在對收費高昂的特定法律服務大喊「安可」一樣。如果一個人重複做同樣的事情十多年，無論這事情有多複雜，就算是腦科手術或發射火箭，都會變成輕而易舉的事情。

「安可焦慮症」中的焦慮還有源自於對不同方面的相同要求：每當成功完成一項工作，都會提高對你的表現期望值。「你最近為公司做了什麼？」並不僅僅是經理們用來督促手下員工的暗示，也是目標導向者鞭策自己的方式。心理學家把這種現象稱為「抱負水準」（Level of Aspiration），是一個人評估自己表現和後續想要完成內容的標準。[24]

詩人羅伯特．布朗寧（Robert Browning）說過：「一個人的成就應該要高於他現有的能力，不然天堂有什麼意義呢？」說得很好。對自己的期望高一些比較好，否則會很容易陷入泥淖。不過如果你不顧一切地做到了布朗寧說的那樣，會因為提升過快或是失去控制，而成為自我期望過高的犧牲者。

一個人的潛力是無限的，通常只靠想像或是他人的要求；而目前能抓住的東西是有限的，取決於自己當下的能力。如果一個人的職業生涯永遠沒有盡頭，我們有理由相信，他很快就會連自己手中的都握不住。一個人的期望水準是會受他人影響的，例如另一半或者是喜歡貶低別人的老板，在這些情況下，往往會因為害怕對方失望而不由自主地想達到對方的期望。

失敗的快樂

綜上所述，如果重新審視暢銷作家史考特．派克的話，即「成功和失敗都會令人失去很多選擇」，我們可以提出強有力的論據證明，這些曾經歷過失敗的人都處於有權力的職位。自前美國總統富蘭克林．羅斯福（Franklin Roosevelt）頒布新政以來，美國已經越來越有能力去接受社會政策和計畫。如果人們失業，可以獲得補償或救濟。大部分的藍領和白領，一旦失業就可以領取政府提供的失業保險，對中上層級的白領工作者來說，還能領到所謂的「再就業服務」（包括一次性的現金補助、有條件的醫療保險，並協助找工作）。提供「金領」CEO層級的數百萬美元遣散費，則被人稱為「黃金降落傘」，儘管他們的職業生涯被迫中斷，但巨額補償款足以支撐他們再次出發。實際上，「黃金降落傘」的主要作用就是引導CEO們告訴《華爾街日報》（*The Wall Street Journal*），他們的離職是出於自願，從而保護公司的股價。

我不是故意要說得很冷血，不過考慮到當CEO要經歷的成功憂鬱症，失業似乎沒有那麼糟。確實，金錢是個問題，但「被迫失業」自然會將挑戰推到你面前：找工作，或者承受失業的痛苦。這種挑戰可能一時難以承受，不過它能激發你的創造力，還伴隨著「心靈降落傘」：家人的關懷、同事們的同情，以及專有的職業介紹顧問。這似乎是一種很矛盾的解脫，無論你在何處重新步入職場，都不再需要負擔太多別人的期望值。

大約十年前，人們都很贊同管理學家提出精簡企業規模的提議（用裁員來降低成本，提高利潤），其中麥可．韓默（Michael Hammer）和詹姆士．錢辟（James Champy）合著的《企業再造》（*Reengineering the Corporation*）一書最有影響力。隨著失業工人越來越多，人們對失業者越來越同情。這種同情心並非不恰當：當福特汽車公司（Ford Motor Company，韓默和錢辟曾經研究過的一個主要案例）裁員達到近二〇％，有上百位辛勤工作的員工遭受到這種「合法」的痛苦。同樣的，在「鏈鋸」艾爾．鄧列普（Al Dunlap，日光公司前執行長）的大幅度裁員政策下，數千名經理、管理人員、工人失去工作陷入困境，他們需要精神和物質的支持。然而，這種同情心具有矛盾性，對這些被解雇的員工來說，遭到企業裁員並不一定是壞事。在殘酷的大規模裁員報告中沒有提到的是，仍然留在工作職位上的員工，其實和遭到裁員的員工一樣痛苦。

在二十世紀八〇年代末，我受雇於一家財星一千大企業，幫助面臨裁員的員工重振士氣。在工作期間，我曾與一位廣告公司的高階經理Ａ．Ｊ進行交談，他不僅未遭到解雇，還因為他的直屬上司是裁員的目標之一，他意外晉升為行政管理職，但他一點都不期待。Ａ．Ｊ[25]原是廣告部門職員，他在進行創造性工作時充滿活力。他最初的工作是抄抄寫寫，久而久之，他開始痴迷於創作廣告台詞。我記得他告訴我，如果他能發明可以說廣告詞的牽線木偶，那麼他會高興死了。

Ａ．Ｊ覺得自己可以體會產品開發團隊對於提升品牌市場競爭力的重要性，所以選擇進入廣告公司工作，這個動力對他來說很重要。十五年來，Ａ．Ｊ的這項技能已經爐火純青，幫他贏得不少業內大獎，也累積不少願意出高價追隨他的忠實客戶。就算處於業界的巨大壓力下，他也從未失去過信心。

不幸的是，隨著Ａ．Ｊ的公司開始裁員，他理想的職業生涯被突然中止。廣告公司的ＣＥＯ解雇一些員工後，把Ａ．Ｊ安排到管理職位。儘管有豐厚的加薪和職位的提升，但是新工作卻讓他不再有足夠時間去服務客戶。雖然Ａ．Ｊ同樣能夠完全投入工作，但他完全不喜歡這個新角色。

Ａ．Ｊ所忍受的，也是導致他最後選擇離職的原因：成功的期望，以及在所處行業中處理好每一件事的能力。有些人認為A．J的經歷只不過是彼得原理（Peter Principle，即晉升到自己不能勝任的職位）的一個例子，但我不同意這種看法。[26]我相信現在社會給成功人士所貼的標籤、對他們的解讀和反應，都讓他們不得不忍受外界的指指點點，繼續為更高層次的成功而奮鬥。

這些像是戴上金手銬的職場人士如果選擇半路離職的話，很難忍受外界對他們的嘲笑。即使他們離職時擁有大筆財富，外界也會認為他們坐擁的才華，能讓他們很快地在其他公司找到類似的管理職位。在很多大公司內，「黃金降落傘」包括職業諮詢、轉職服務、同事們的同情、高價值的付費心理諮商。很少人會把「他人的支持」看作成功的條件。那麼對「安可」來說，還有比攀登職業階梯或占據角落辦公室更好的選擇嗎？短期來看，答案就是「可能沒有」。邏輯就是「不要再發牢騷了，再做一次吧！」

而底線在於，除非出現重大變故，否則一百個人當中也不會有一個想要用「心理上的刺激」來交換「經濟上的安全感」。不知不覺中，金錢影響著我們的行為，也減少了我們行為的選擇；金手銬設下的陷阱越收越緊。然而，單一職業生涯的成功，最終會讓人感覺像被吠聲不斷的獵犬團團圍住的熊。為什麼呢？因為「安可」的喊聲意味著「再來一首」，而內容就是你先前一直在做的。它並不意味著，「帕華洛帝，剛才的表現很棒，你還能做什麼其他的嗎？」

鏡中的自己

喬治・伊士曼、馬克・蘭茲、米奇・卡普爾之類的成功人士對你來說可能有些遙遠，那麼每天早上在鏡中看到的自己呢？理解、治療和預防精疲力竭症的基礎就是「照鏡子」，或者說「自我評價」，如果你覺得有必要，它甚至可以幫助你在中途轉換職業方向。這並不是要你做心理分析或研究榮格原型理論——只是停下腳步，看一看，然後問自己幾個問題。

如果你是第一次做自我評價，以下清單會對你有所幫助。你覺得自己具備下列哪幾項特質？

□專一

□堅忍不拔

□自立

□兢兢業業
□努力不懈
□狂熱、偏執
□熱情
□不知疲倦

如果你還沒到三十歲，而且覺得自己具備上述的特質多於四項，那麼你能為任何公司工作。如果你超過四十歲但是也有同樣的感覺，那我建議你將這本書讀到最後一頁，因為你是一個必定會遭受精疲力竭症的人。

為什麼這麼說呢？因為無論在創業過程中還是在職業生涯中拚博，需要的性格特質都與平緩狀態下不同。具體地說，三十歲以下的年輕人沒必要處處循規蹈矩，五十歲以上的人也是如此。只有三四十歲的中年人，才會為了眼光、為了成功而以工作狂的方式奮力工作，直到不再需要這樣做為止。一旦成功後，將眼光放長遠是很重要的，這可以幫助你看清自己得到的報酬和他人的期待。

怎麼理解前面說的這些特質在二十歲時是優點，但到中年後就不合適了呢？人們喜歡用旅行的詞彙來比喻職業生涯，像是：人們沿著職業道路攀登職業階梯，跟隨企業家安迪・葛洛夫（Andy Grove）導航自己的職業目標。道路、攀登、導航這些詞都意味著前方已有既定目標，並且是線性單一的。[27]在美國人眼裡，最完美的職涯規劃就像規劃旅行一樣，一定會用到這些詞。既然勝利是唯一目標，你就不應在職業的道路上再拖延，要下定決心勇闖難關。攀登職業的階梯？當然，要毫不猶豫地跨過每級台階。以此類推。那麼哪些人最適合裝備齊全地登頂呢？最有可能的就是那些不屈不撓、對工作執著的二十來歲年輕人，他們能在變化萬千的世界中始終如一。

但是問題在於，美國式的成功都是從別處到達「那裡」，卻忽視一個事實：沒有人知道「那裡」的生活究竟如何。就算已經抵達目的地的前輩能給你可靠的描述，但當你到達時，很可能你自己和大環境都已經發生不小的改變。這就是發生在肯・歐森（Ken Olsen）身上的例子，他是數位設備公司（Digital Equipment Corporation, DEC）的創始人，曾被《財星》雜誌評為「十年內最卓越的企業家」。

在歐森的職業生涯中，他很可能具備上述提到的所有八種特質。作為一名麻省理工學院畢業的優秀工程師，他開發出地球上最好的小型電腦，將DEC打造成產業中的領先企業。但也由於他的一成不變，太過著眼於獎項，執著於獲得一個又一個的成就，他甚至不願考慮除了小型電腦以外的其他事，最終，相對於他為電腦業做出的貢獻，人們對他固執己見、錯失發展個人電腦的機會印象更加深刻。[28]

儘管在史蒂夫·賈伯斯（Steve Jobs）和史蒂夫·沃茲尼克（Steve Wozniak）建立公司以前，歐森就得到開發蘋果電腦技術的機會，但他卻仍然執著於他的小型電腦。更糟的是，他誤判了整個產業的發展方向。在一九七四年的一場資訊科技業大會上，他甚至宣布：「對個人來說，沒有必要在家裡擁有電腦。」[29]一九九八年，DEC被康柏電腦公司（Compaq）收購，而康柏建立時，正是歐森做出重大誤判之時，這個判斷是商業史上最糟糕的判斷之一。

渴望新事物是貪婪嗎？

在我的經濟能力還無法搭飛機旅行之前，我對一則旅行社的標語非常著迷：「到了那裡，快樂就減半。」英國哲學家和性行為學專家哈維洛克·艾利斯（Havelock Ellis）在談到這個問題時說：「結果並不是最重要的，重要的是在完成目標的過程中所發生的一切。」但是關於如何維持一個心理健康的職業生涯，旅行社和哲學家又懂得什麼呢？事實證明，他們知道的很多。

肯・歐森和其他處於直線成功模式的人似乎會擔心：如果他們走另一條路來追求成功，那麼就得不到更多的金錢和更多的稱讚。簡而言之，他們是貪婪的。貪婪會逐漸削弱你對成功的滿足感，所以我認為，要戰勝貪婪最好的方法……就是貪婪本身。沒錯，如果想要成功，你需要用自己的方式對物質保持一定的貪婪。追求物質常被認為是「渴望新事物」，而貪婪，或更準確地說，貪婪就是在追求新事物。如果你把這句話當成座右銘，並以此重新規劃職業生涯，你就不會遭受成功憂鬱症和安可焦慮症的痛苦。

我建議你對新鮮事物保持貪婪，因為三十歲後的職業生涯就不適合用旅行詞彙來比喻了。正如之前所說，在某種程度上，我喜歡年輕人為了出人頭地而不顧一切。但是，如果像歐森如此頑固不化、沒有察覺自己在退步並反思一直在做什麼，那麼他應該準備自食其果。我對所有超過三十歲的人的建議是：重新規劃自己的職業生涯，做一些投資，就像投資證券一樣。正如任何理財經理都會告訴你的那樣，你的資金應該要分散投資，一部分投入安全項目，一部分投入稍有風險的，一部分投入具冒險性的，平衡調整你持有的投資標的，以確保自己始終擁有最高的投資報酬率（ROI）。

有個說法從老奶奶時代就流傳至今：不要把所有雞蛋放在一個籃子裡。但是追求成功的人總是有各種理由忽視這個勸誡。幾乎每個人心中都有職業的底線，對於只在單一道路上追求成功的人來說，他們總覺得多樣化的職業發展不利於個人成長，而且在不熟悉的領域中能力不足，這會影響到經濟收益。不幸的是，除非你能從某個固定職業中獲得心理上的滿足，否則成功將變成痛苦，而不是一種優勢。

還要提醒一句：一個有利可圖的事業、職位不是建立在他人的建議之上。首先，你要了解心理學家說的「你的自我理想」：包括你的願望、夢想、目標，當然還有理想的總和。如果馬克．蘭茲當時做到這一點，他或許能夠意識到，跳水金牌其實還不足以成為他實現理想的跳板。想成為極具魅力的演講者，需要加倍的熱情、自信心和語言技巧。蘭茲可能不具備這些能力，但他應該早在比賽之前就知道自己缺乏哪一部分，這讓他白白耽誤了幾年的時間。

一旦對自我理想有了比較清楚的認識，你就能像戰地醫生選擇治療方法一樣，調整你的事業目標。要是你們不熟悉軍事用語，我來解釋一下，治療方法備選就是用ROI模型來判斷優先救治哪些傷患。在有限的醫療條件下，有兩種情況不會被優先處置：一種是傷勢過重無法搶救，另一種是可以自己走下戰地，至少目測確定是沒有生命危險的。而優先搶救的是處於上述兩種情況之間的傷患，也就是第一時間得不到救治、可能會有生命危險的人。

如果你把成功的職涯視作提升人際關係的手段，並且每天要花十四個小時來經營這份工作，你的行為和目標就會逐漸背道而馳，此時就需要做一些調整。同樣的，如果你渴望成功，且是一個喜歡錦衣玉食的人，那麼你不會放過任何一個機會，你的股票會升值，但你的事業卻得不到同儕的尊重，你只要維持事業投資中的某一部分就好，放棄其他部分吧！把你剩餘的精力用在完成自己期望的目標，你辛苦獲得的成功中是不會自然產生新期望的。

第三章

你為何總是感到疲憊

激發和激勵我們的是慾望和挫折；勝利則會令人停滯。讓人對聖經持悲觀看法的不是猶太人被擄之時，而是所羅門取得榮耀的日子。

——威廉．詹姆士（William James）

現在，我們已經了解當人們陷入「金手銬」之中會變得暴躁、憂鬱，甚至成為「企業縱火犯」的心理因素，但若把哲學家詹姆士上面描述的概念作為對整個世代的定義是否合適？我們是否該相信，是因為缺乏良性壓力而澆熄了所羅門王時代猶太人的熱情？或者將眼光放近一些，同樣的事現在也會發生嗎？

以上的問題答案都是「是」，尤其是最後一個。美國嬰兒潮這世代大約有八千五百萬人，他們是在美國經濟繁榮的時期長大，這是一個擁有無數機會的年代，但同時他們也比之前任何世代都容易遭受精疲力竭症的困擾。除了沉迷於自我放縱和自我肯定，無數生於嬰兒潮世代的人，中年後擁有大量財富（相較於前幾代來說），他們對此的反應往往是「這就是全部了嗎？」有相當多「唯我世代」（me generation）的年輕人成為一九八〇年代迷戀財富的雅痞，當他們投入大量精力去追求物質成功之後，都遭遇了情緒上的崩潰。

這個說法並不誇張。調查資料顯示，物質主義是如同上帝般的存在。在蓋洛普（Gallup）的一項調查中，超過三分之一受過高等教育且有工作的成年人表示，如果有機會的話，願意重新選擇就業方向。[1]加州大學洛杉磯分校高等教育研究所進行的年度調查顯示，從一九六八年（第一批嬰兒潮世代上大學的時候）到現在，認為「變得富有很重要」的大一學生比例從四一％上升到七一％，而與此同時認為「生活中要建立有意義的哲學觀」的學生比例從八三％下降到四一％，是調查中跌幅最大的一項。哈佛大學前校長德瑞克．伯克（Derek Bok）認為，「當這些資料在一九七〇年代發生劇變時，很明顯地意味著『滿足個人的需求』比『和其他人交往的需求』更為強烈……由此可見，離婚率的顯著升高，犯罪率和其他反社會行為的增多都有跡可循。」[2]

雖然我不完全認同伯克提到犯罪率的升高和嬰兒潮世代的貪婪、享樂主義有關，但我對他的觀察表示贊同，嬰兒潮世代在和他人交往方面以及融入群體中有著比較大的困難。他們不理解「和他人和諧相處，需要一定的妥協」，這造成了最大的問題：儘管這十多年來我們的經濟持續增長，失業率很低，但中年職場人士卻前所未有地紛紛離開美國企業。企業從上到下的員工都在思考：是什麼阻礙了這些曾經的「嬉皮」

的腳步？同時，對於這狀況缺乏有效的解決方案也感到惋惜。[3]

當工作上的不滿意逐漸成為一種心理問題後，精疲力竭症的說法就更為可靠。當一位富有的企業高階主管逐漸遠離多年來為他創造大筆財富的職場時，可以肯定的是，他一定遭受著精疲力竭症的折磨。[4]這種廣泛存在於嬰兒潮世代中對職業的不滿，是被父母寵壞的一種表現，還是一種由來已久的心理損傷症狀？

渴望贏得戰爭

在二十世紀末，有不少分析認為，嬰兒潮世代正在忍受著「極大的嫉妒」，他們的父輩大張旗鼓地宣揚老派的價值觀，這種比較風潮表現在兩部轟動社會的作品上：湯姆．布羅考（Tom Brokaw）的著作《最偉大的世代》（*The Greatest Generation*，暫譯）以及超賣座電影《搶救雷恩大兵》（*Save Private Ryan*）。這些作品講述「沉默世代」如何戰勝納粹、使社會回歸民主，讓嬰兒潮世代們直接面對一個問題：贏得財富和贏得戰爭如何進行比較？沒辦法比。同時也無法迴避這個想法：我們來到這世上就僅僅是為了留下這些嗎？

當美國士兵們退伍回家，他們只想要和在家鄉苦苦等候他們歸來的女孩結婚，用政府給的津貼在郊外買一小塊地，撫養幾個孩子，就如同電影《奧茲和哈里特的冒險》（*Ozzie & Harriet*）當中奧茲與哈里特的平靜生活一樣。願意為孩子們做出犧牲的父母，怎麼會培養不出樂觀的後代呢？它和工作中的風險評估一樣簡單嗎？只能說部分是。幾種潛在心理因素的彙集，導致世代價值落差增加，並使得嬰兒潮世代更容易遭受精疲力竭症的折磨。

強烈的個人主義世代

我們通常將一九四六年至一九六四年間出生的這批人稱為嬰兒潮世代，他們的父母在經歷過戰爭的殘酷後充滿自信和樂觀，也享受到經濟繁榮帶來的財富增長。嬰兒潮世代大多被全職母親撫養長大，母親會盡量滿足他們的每個需求。在此之後，有一本暢銷書問世，書中提出一種截然不同的育兒方式。

班傑明．斯波克（Benjamin Spock）醫生的暢銷書《全方位育兒教養聖經》（*Dr. Spock's Baby and Child Care*）將教育孩子的方式來個一百八十度大轉變，作者認為家長不應該使用教育「沉默世代」的方法來教養生在嬰兒潮世代的孩子。嬰兒潮世代的孩子不僅認為自己說的話都要被重視，而且由於受到過多關愛使他們覺得自己就是宇宙的中心。我的一個病人曾經說：「我成長的環境讓我覺得我在家庭裡就是太陽，其他人都圍著我轉。」快速增長的經濟和斯波克育兒聖經的雙重影響，造就出強烈個人主義的世代。

這種強烈個人主義的特點之一就是空前的自我肯定。這種態度可以追溯到斯波克的基本原則：父母要盡可能地在各方面教孩子獨立。嬰兒潮世代獲得前所未有的自由：如何吃飯、參加活動，甚至社交活動都不需要提前經過家長同意或由父母安排。每個孩子的性格都被尊重，個人發展的每一步都遵從自己的個性，而非人云亦云。

同時，由此而產生的最大變化，就是越來越重視教育，在戰後的美國，學校的教育方式都在發生轉變。死記硬背、反芻學習法，甚至關於服裝和禮儀的課程都被淘汰；批判性的思維方法逐漸被人們接受。因此，嬰兒潮世代不僅相信自己在家庭和學校中是獨一無二的，若干年後，在工作職位上也會是獨一無二的。

這樣的成長環境給孩子們灌輸了一種放任、無所不能的感覺，其中由以對權威的傲慢和蔑視最為突出。在此之前，儘管大家都心知肚明，但從未有如此多年輕人會這樣做。一九六〇年代，學生們的主張和口號是「不要相信任何超過三十歲的人」和「懷疑權威」。同樣的，拒服兵役的抗議（一九六三年）、抗議美國小姐活動（一九六八年）、公開濫交等社會運動，正符合了斯波克醫師理論的中心原則：「如果它使你感覺好，那麼你就可以去做。」其推論就是「如果感覺它不是很好，我就不會做」，這些都對嬰兒潮世代的群體生活方式以至於生意往來模式都產生了巨大的影響。

嬰兒潮世代的父輩，如同威廉・懷特（William Whyte）在著作《組織人》（*The Organization Man*）中提到的一樣，他們沒有勇氣去質問權威人士「為什麼」，也從未教過自己的孩子不要去做什麼。嬰兒潮世代們不再接受《組織人》的觀點，轉而希望把自己的個性特點帶入工作中。進入職場後，他們希望得到如同在家庭和學校中所享受到的一切。他們認為，如果工作在心理上和經濟上都沒能使自己滿意，並且無法改變什麼的話，就應當選擇離開。

在一九九〇年代，儘管企業家主義和自由業的增長有許多經濟和技術面的原因，但心理學上的解釋則認為：是嬰兒潮世代們無法忍受在公司中受到諸多限制。「唯我世代」所受的教育不再崇尚企業心理學家們說的奮鬥過程、以及那些為克服困難所做的巨大努力。普羅米修斯的故事告訴他們的是，艱苦的奮鬥往往會因為更有權力的人與你意見不同而告終。

嬰兒潮世代們認為，挑戰現狀、思考哪些行為是正確的以及其中原因，這些不等同於為成功奮鬥。最好的情況就是反抗「權威的不作為」；最壞的情況就是自己成為消極抵抗的行為準則。無論如何，這都和精疲力竭症十分相似，都讓人覺得無法融入群體。這種思維形成嬰兒潮世代的自我價值觀，使他們在成年後更容易產生對朋友、同事、工作方面的不滿情緒。

「你是最棒的」帶來的負擔

> 當所有事都變得正確，沒有任何錯誤，日子是不是顯得冗長？如果生活中沒有什麼可以讓你賭一把，那生活該多麼平淡乏味！
>
> ——威廉．S．吉爾伯特（William S. Gilbert）
>
> 《艾達公主》（*Princess Ida*）

佛洛伊德這樣形容人類：「一個曾是母親掌上明珠的人，會想要保持征服感，那種成功的自信往往會帶來真正的成功。」這是嬰兒潮世代離家時所感受到的嗎？很不幸，答案並非如此。覺得自己被捧在手心的感覺來自於你（不是你的兄弟姐妹）讓母親覺得高興所得到的回饋。嬰兒潮世代中的確有部分人覺得他們像是被領養的，但大部分人得到的都是表面上積極但實際卻令人沮喪的訊息：你有無限的可能和無窮的機會；你可以得到任何想要的東西。

但是這樣的訊息有幾個錯誤之處。首先，整個嬰兒潮世代接收到的這種訊息——你們這些孩子都出生在無限可能的時代——缺乏了心理學家所稱的「人格主義」（personalism），這種感覺對個體來說尤為強烈。正如「你們青少年都是性生活的享樂派」這種會被認為是不相關的偏見一樣，過寬的標準總是缺少誠意，操縱感太強。

缺乏人格主義存在幾個問題，其中最大的問題之一就是：它令人不再想知道自己為何值得讚揚。除此之外，沒有明確內容的讚揚，例如「你是最棒的」之類，反而會引起對方焦慮的質問，而不是佛洛伊德說的那種通往成功路上的自信。至少，聽到這樣稱讚的孩子會想知道你何出此言。例如，一個被冠以「優秀」之名的孩子，總會希望你對他潛力的評價標準是客觀的，而不僅僅是出於對他的愛。相同的，你說話的時機也相當重要。

每個人在收到對方的高度評價時都會半信半疑，除非能夠確定對方的動機：「爸爸媽媽這樣說是為了讓我實現他們的夢想嗎？還是他們心裡覺得我選擇什麼興趣最好？」如果「你是最棒的」這樣的話會讓人承受一定的壓力，那麼對聽者而言它算不上是一個好消息。事實上，這些話是精疲力竭症的主要誘因之一。

出生就背負的沉重期望

威廉・詹姆士用一個公式來說明「不明確和過高的期待值是如何壓垮自尊的」。在這裡，詹姆士使用了「預期」這個詞，就是我之前說的期望：

自尊＝成功／期望

這個公式顯示，要提升自尊，就需要降低表現的期望值。用詹姆士的話說，「拋去自己的期望值，既能得到滿足，也是種解脫。」[5]不幸的是，你無法拋棄期望值，而且它們將伴隨你一生。

心理分析專家哈里・斯塔克・沙利文（Harry Stack Sullivan）注意到，自我感覺是透過我們對自己行為的態度和信仰，以及社會的評價共同形成的。沙利文將這種感覺的形成方式稱為「一致性確認」（consensual validation）。糟糕的是，對肩負期望的人們來說，就像前文提到模特兒被強加了「出生時的一場意外」：有著完美容貌、嘴裡含著金湯匙出生；雖然他們能感覺到這些期望毫無意義，但一致性的回饋卻阻止了他們想要擺脫期望的腳步。

根據甘迺迪家族的記載，美國前總統約翰．甘迺迪（John Kennedy）的母親羅絲．甘迺迪（Rose Kennedy）每次在參加孫輩的各種開學和畢業典禮等場合發言時，都要提到《路加福音》中的內容：「對於那些受到更多賞賜的人，要付出的也會更多。」[6]在約翰．甘迺迪遇刺後，他的弟弟鮑比（Bobby）接管家族的領導地位，並同樣借用《路加福音》中的話說：「美國對甘迺迪家族一直很好。我們應該感激這個國家並為之奉獻。」[7]你覺得這樣的話會怎樣影響年幼的兒童？從我的觀察角度來看，它們是無法產生影響的。以下是原因：

訊息一：「對於那些受到更多賞賜的人……」，這句話無疑觸發心理上的不滿，例如我在哥倫比亞大學時遇到的模特兒，她就因此精神失常了。如果你既沒有努力奮鬥去追求也沒有苦苦請求就得到一些東西，這樣的餽贈賞賜是無法讓你感到心理滿足的。羅絲的丈夫約瑟夫．甘迺迪（Joseph Kennedy）對《路加福音》的接受程度比較高，因為他經歷過創造財富的過程，但他的後代沒有，子孫們的成功期望值來自預設：在他們出生前就有存在了。

訊息二：「要付出的也會更多」或者「我應該感激這個家」。既然天生如此，你要怎麼感謝祖輩把你帶到這個世界上呢？當然是透過努力擺脫光環了。相比在普通家庭中長大的小孩，甘迺迪後代們遭受的壓力要大得多，人們都盼望他們在社會上出人頭地。如果你是甘迺迪家族的小孩，困擾你的問題就是：「我要如何才能盡我的義務？」而答案通常是「你不能」，這時，精疲力竭症就出現了。我知道光憑《路加福音》的幾句話就說它對甘迺迪家族有負面影響肯定是不公平的。家族中也確實有很多人如羅絲和鮑比所期望的那樣成為上流社會人物，但也有一些由於魯莽的行為而過早地遭遇失敗。

有句話說，「你付出多少就得到多少，天空才是極限」，讓人覺得獲得成功像是不幸的失敗一般。相反地，那些沒有付出也沒有什麼期待、或沒有什麼可以做的人，感覺上卻相對輕鬆。儘管沒有萬靈藥，但從巨大期望中解脫所得到的自由，可以使你不再擔憂自己的成就。嬰兒潮世代的父母為孩子設定的期望值都非常高，為了獲取自我滿足感，根據詹姆士的公式，他們需要取得非凡的成就才行。

為何會倦怠？

在《最偉大的世代》及《搶救雷恩大兵》問世以前，電影《浪蕩子》（*Five Easy Pieces*）在嬰兒潮世代中很受歡迎，其中傑克．尼克遜（Jack Nicholson）飾演的羅伯特．鮑比．杜皮亞（Robert Bobby Dupea）是典型的嬰兒潮世代。這個角色是一位極有天賦的年輕人，最終被過高的期望值壓倒。鮑比．杜皮亞出生在音樂世家，家人對他的期望很高。但是，也正因為如此，鮑比成為一名石油工人，酗酒、喜歡鄉村音樂、私生活紊亂。儘管已經習慣這種生活方式，但在接到父親重病的消息後，他還是回到家中。談到為何放棄成為古典鋼琴家，他說道，「我猜你們都想知道在度過一帆風順的青春期後，我都經歷了什麼。」說著，他陷入啜泣。

《浪蕩子》給嬰兒潮世代提供了中肯的精神發洩療法。鮑比覺得他無法達到家庭對他的期望，儘管他一生都選擇逃避，但這並非出自自私或者不負責任。鮑比．杜皮亞是一個嬰兒潮世代都會同情的悲劇角色。

在本章開頭就提到，以前也有很多天生富足的人，但他們並未對生活有如此多的不滿。無論如何，失敗的痛苦如何轉化成一個人的潛力，這是哲學家、理論學家和心理學家長久以來一直研究的問題。古希臘人把這種情況稱為akedeia，翻譯過來就是accidie，即「倦怠」，它可以是對生活的冷漠，靈魂的麻痹，或者是對萬事一直漠不關心的狀態。

倦怠原本指的是第四重罪，即懶散，但是如今它的含義還包含精神層面的內容，即沒有達到自己潛力的失落感。倦怠是鮑比．杜皮亞一直以來都在逃避的事物嗎？毫無疑問，是的。很多嬰兒潮世代都試圖從這種感覺中解脫出來，想讓生活變得更有意義。

我治療的第一位倦怠症患者，我稱他為傑夫。傑夫的家人聘請了律師和公關團隊，雖然他盡量不在《富比士》之類的地方拋頭露面，但傑夫的日常穿著生來就是要告訴世界：「我是一個有錢人。」我每次見到他，他都穿著鱷魚皮的皮鞋，向我展示過至少五支名表，還有裝滿領帶、夾克和公文包的衣櫥，每件單品上的名牌logo醒目可見。然而傑夫從未做過任何工作。他擁有法律學位，但每次遇到工作機會時都覺得配不上自己。

傑夫想要尋求治療的原因其實是他想要「掌管家族企業」，包括房地產、礦業公司以及娛樂公司等。他自己感覺關鍵在於：成為集團領導人是「向母親證明自己有能力安定下來」（他父親已經去世）。但母親認為傑夫尚未成為她心目中理想的形象——傑夫那古板又保守的父親，所以暫時還不打算把丈夫一手打造的企業掌控權交給傑夫。

傑夫平日都在做些什麼呢？他讓幾個女人懷上他的孩子，然後又向他舅舅求助，「舅舅是我唯一信得過的醫生」。他賭博欠下的錢，到了還款日就直接從家族帳戶中匯出；他在度假別墅舉行派對，一擲千金。總而言之，他的精力都花在這些地方，是一個縱慾過度的自戀者。

大約三個月後，當我熟悉了傑夫的處事方式後，就決定和他開誠布公談一下他的問題。我告訴他，這一系列的行為讓他變成一個失敗者，這會是個很棘手的問題。雖然無法直接面對我的質問，但他仍不覺得自己需要改變。在一次談話中，我提醒他，沒有必要告訴舅舅你不願意使用保險套的事。傑夫把身體往前傾，得意地告訴我：「醫生，你是不會理解的；我出身的家庭環境，都是像我這樣在失敗中求勝，而不是在追求成功的路上失敗。波士頓的人都對我大加讚揚，你覺得我會冒險去做那些所謂有意義的事，而放棄現在的我嗎？」

儘管最終我沒能幫助傑夫從他的自我挫敗中走出來，但我們的交流使我了解到，在成功憂鬱和倦怠之間有著很重要的關聯。當人們受困於成功憂鬱症時，例如那些令佛洛伊德震驚的「成功帶來失敗」的人，他們對失敗、無助和無望的感覺過於強烈。所有的憂鬱表現都有一種感覺上的特點，精神醫生稱之為「失樂症」（anhedonia），即感受不到快樂。對深度憂鬱者來說，即使你把快樂的事物放在他面前，他既不會對此做出回應，也無法從中獲取正能量。這裡我插一句話，有人說伍迪．艾倫（Woody Allen）的經典影片《安妮霍爾》（*Annie Hall*）原本要叫《失樂》（*Anhedonia*），原因是伍迪．艾倫本人也受這種情況的折磨。

但倦怠不等同於憂鬱。實際上，存在此問題的人腦海中往往充斥著「如果」和「應該是」之類的想法，使得自戀情緒有增無減。雖然和憂鬱一樣，經歷倦怠的人也與社會脫節，但相較於無法達到目標的無助感，倦怠更多是「想要逃避必須克服的困難」而有意造成的。傑夫逃避問題的方法是不斷地和母親互動，他把母親視為在他肩膀上壓上重擔的人，但他的所作所為卻使他們之間的隔閡越來越大。受倦怠折磨的人通常都是更直接地在逃避個人責任。

古代的思想家們認為，倦怠是由於知道自己終會走向死亡而引起，既然如此，那為何還要為其他事物煩憂呢？不過我們可以給出一些心理動力方面的解釋。

心理學家說的「矛盾的激勵效應」（paradoxical incentive effect）可以解釋這件事。當帶來刺激的事物以某種特定形式發展，且與心理預期的方向相反，這種效應就開始顯現出來。[8]另一種解釋是，當你知道自己在競爭中注定要失敗，還不如主動退出，這在心理上會帶來一些人際關係的好處。這種策略，或者說帶有自我保護意味的自我設限，我們現在應該很熟悉了。

矛盾的激勵效應

一九九六年四月的高爾夫巡迴賽上，在奧古斯塔國家高爾夫球場中，格雷格．諾曼（Greg Norman，外號「鯊魚」）在最後一天的比賽中還領先最大的競爭對手六桿，這應該說是一個很大的領先優勢了。莊家開出的盤口顯示這是一場毫無疑問的勝利，卻讓諾曼很不高興，隨後的表現也出現失常。大幅領先帶給他的心理壓力和期望值，對他來說變得越來越難以承受。在一輪結束時，好幾位原本落後於諾曼的球手都超越他了。

在壓力下表現失常，是指在重要場合你要盡全力時卻不能正常發揮自己的能力。[9]這種壓力完全是由旁觀者決定：如果他人對自己正在進行的演出或比賽非常關注，壓力就會很大；反之，壓力就會小很多。儘管這種現象和倦怠有關，但它更像一個急性症狀，而非慢性問題。

表現失常還包括在關鍵時候產生自我懷疑；而自我懷疑會干擾原本的正常行為。換句話說，我們對正在做的事情會更加在意，而結果則是沒有表現出正常水準。

打字的時候我通常不會去想在打「my」時，右手的食指要負責打「m」和「y」這兩個字母。如果我停下來去思考打字的過程，甚至是關注每一次按鍵，這本書可能就無法完成了。這個例子極端化後就是：我沒有完成寫作的開頭部分，因此產生了羞辱感，即使我只是把這種感覺保留在心裡，但隨後產生的壓力只會使我無法發揮能力。有些人把這種反應稱為作家的思維中斷。但是，既然打斷我寫作的原因是有意識地過分在意自己身上的壓力，那麼我的「假定失敗」就可以形容是「壓力下的表現失常」。

心理學家研究過自相矛盾的激勵效應後認為，有幾種特定性格的人會比其他人更容易表現失常。他們很少會注意到自己的這種性格特點，但有時會有自我懷疑的表現。他們知道不應該去過分關注事情的結果、比較自己在他人面前的表現（關注一致性確認）、或者花很長時間進行自我評價。然而，如果事情比較重要，他們會產生嚴重的自我懷疑。在「過低的自我意識」和「過高的自我要求」思維中起伏，會導致人們表現失常。[10]

這類人可以被看作是自戀狂，或者是很愛面子。他們的性格特點包括不在意他人對自己的評價。例如，有的大學生會自以為是地站起來質疑教授：「據我所知，你的資料聽起來很可笑。」

在我教的一門課中，我不幸成為上述目標。這位讓我印象深刻的學生暫且叫她艾希莉，儘管她從未學過心理學（她主修文學），她還是選修了一門進階的心理課程。她缺乏心理的相關專業知識，但這卻從未阻礙她向我（在心理學領域從業十多年）提出質疑。

艾希莉對我的對立情緒一直持續到期中考試之後（期中考試她不及格），我請她過來，談談最近的表現和對我的不滿。她侃侃而談，但是言語中依舊充滿自負。我指出她都沒有購買我在課堂上指定的閱讀教材，更不用說學習了，但她卻表現得毫不在意。我警告她這樣的態度對她本身沒什麼好處，但她撂下一句「距離期末還有足夠長的時間」便離開了。

在學期結束前三天，艾希莉打電話給我，懇求和我再進行一次談話。見面後，她告訴我她只剩一天的時間來考慮要不要退選（學校允許在期末考試前退選），如果我能保證給她的成績C，她就不退選。艾希莉承認自己最近在父親的精神科醫生那裡服用抗憂鬱藥物，並請求我的寬容。但最後她也沒能提出什麼有力的解釋讓我可以放她過這門課。我說，「我很抱歉，但我無法憑空給妳成績」，之後她就退掉這門課。兩週後，她退學了。

這個女生是在嬰兒潮末出生的，表現出極端的傲慢情緒，這便是表現失常性格的典型例子，這使我回憶起大學和研究所時期（一九六八至一九七六）同學們是如何對待教授的。艾希莉之前完全不在意我說的話，直到期末考試的壓力壓垮了她。「只說好聽話」是沒辦法讓她意識到自己的錯誤的，只有等她面臨到一定的威脅時才行。儘管最後她的情緒崩潰，但她卻未感到自責。後來我注意到，這種心理問題讓她在面對各學科教授時都容易起衝突，然而她從未想過要解決問題。

嬰兒潮世代都具有表現失常的性格嗎？顯然不是。具體有多少呢？我相信不在少數。用威廉．詹姆士的話說，有壓力才有動力。嬰兒潮世代的成長方式使他們缺乏自主的動力，也缺乏相關的知識，不懂得如何在逆境中堅持不懈。

自我設限的另一種形式

伍迪．艾倫曾經說過，「九〇%的成功都能在生活中出現」。我不知道他的數據從何而來，但是我知道，不出現成功就會導致失敗。成功固然很難，但是有時候不出現失敗也是很好的結果。

自我設限行為最常見的形式就是：用「抑制自我表現」的方式來轉移自己對失敗的責任。如果我的個人形象是比較「迷人」的，我去參加雞尾酒會時，就會感覺自己處於眾人的期待中，對我來說可能選擇在酒會前喝醉，並且確保所有人都知道我喝醉了。這樣做的話，我可以保證（如果沒有喝醉的話），我還是他們口中的風雲人物。

一旦你在受期待之下表現失常，從而導致慘敗，觀眾將會對你的能力產生懷疑，直到你冷靜地分析並處理後重新出現為止。如果你必須在壓力下表現，你可以透過暫時降低期望值來保護自尊受到的威脅。

「提前放棄」的做法可以直接避免外界的評價。這種完全放棄努力的做法讓懷疑自己能力的人可以不用完成事情。一個從小就被教育要得到所有東西的人，知道只要不參與到事件中，就可以向別人隱瞞自己真實的能力。這種自我保護的策略稱為「浮士德式交易」（Faustian bargain）。[11] 和我之前的患者傑夫一樣，很多嬰兒潮世代者都跟魔鬼做了交易：只想獲得在不成熟人生中活著的權利。但就算因此能激發自己的潛能，他們也失去了原本可以屬於他們的心理上的成功。這種逞強的生活方式很痛苦。嬰兒潮世代身邊充斥著中年危機和類似的事，面對有限的生命難免也會感到倦怠。他們不得不變得更加警覺，自己得到的成就和他人期待之間的差異，讓精疲力竭症普遍出現。

自我實現的心理

若說許多嬰兒潮世代都有「浮士德式交易」心態，我對此感到有所疑義，對於這些自欺欺人的泡沫現象突然破裂時的狀況，在我的經驗中是有第一手了解的。相比來說，幫助一名患有成功憂鬱症的人是更加容易些。如果覺得因為曾經成功過一次，這次也有能力成功，那隨之而來的失望是可以被輕易克服的。但是對於長期逃避現實以至於失去出人頭地機會的人，你要怎麼撫平他們的傷痛呢？對於一生都沒有穩定工作的人，你要如何讓他接受心理學家所謂的「地理治療」（the geographic cure）——即換一個新的方向重新開始？這注定會失敗的，因為每一個新的開始都將保持他原有的想法。

「道」與心理治療

與大部分建立在宗教啟示或神一般的精神教義不同，中國古代的道教是建立在上千年觀察自然的基礎上。根據道教的哲學，天地能量或「精氣」——即「道」——是無時無刻不在變化的，如同當前的空氣或海洋一般。你一定要靈活多變，才能理解道教並掌控這種能量。

這個有多難理解？看看嬰兒潮世代就知道：他們總在苦苦尋覓適合自己生存發展的「合適環境」。限制我們思考的「自我保護」和「先入為主」的情況實在太多了，但這只是人際交往間的形式，因此我們很少會去注意。威廉・詹姆士坦率地說，「**很多人認為他們在思考，其實他們只是重新安排自己的偏見罷了。**」若想要心胸開闊，這話確實說得沒錯。

一個想要充分展現自己才能的人絕不會像差勁的木匠那樣，活沒做好就藉口說工具太差。首先，不應該把他做的家具和高檔的伊姆斯躺椅（Eames Chair）做比較，因為兩者並不相關。其次，做得「好」與「壞」不應作為判斷木匠是否完成自我實現的標準。實際上，當一個人被木工的「過程」而非「結果」所吸引，他通常就不會太在意所處的環境，而是專心於切割、雕刻、打磨木頭、上色。

如果有什麼例子可以勸說人們不要相信地理治療能夠解決心理問題，那一定就是電影《浪蕩子》。主角鮑比・杜皮亞從西南部回到家裡後，他從一個表面看來無憂無慮的花花公子，變成了一個來自驕傲但有缺陷的家庭的人，而且為人緊張、好勝、保守。他活在已成名姐姐的光環之下，他難以啟齒談論那些曾和他同居過的社會底層女性。成為鑽井工人並沒有使鮑比生活中的緊張情緒緩和下來。他所有的「地理治療」都是讓自己遠離「心理未解決的痛苦」幾千公里，一旦回到創傷發生的地方，這種痛苦又會回到他身邊。

嬰兒潮世代在學校的時候就被鼓勵挑戰權威，長大後他們也把這種思想帶進工作中，且對地理治療非常依賴，卻沒有意識到這是由他們態度引起的問題。我接觸過很多嬰兒潮世代的人，在首次見面時他們就向我抱怨，「如果我可以找到合適的工作或合適的老板，我確定我的職業生涯就可以飛黃騰達」。儘管不難理解為何嬰兒潮世代都執著於「心理治療」而不是「承擔成功所需的責任，或是潛在的失敗」，但幫助他們擺脫這種錯誤的信念是件完全不同的事。我發現，如果要幫助尋求地理治療的人理解這種治療是毫無意義的，最好的方法就是讓他們在自我實現的過程中得到心理上的回報。

將自我實現這個概念帶到美國心理學界的是亞伯拉罕．馬斯洛（Abraham Maslow）。[12]他認為，我們都具有一種與生俱來的傾向：會努力去追求達到能力最高的水準；他深信人類潛能的影響力是巨大的。馬斯洛還認為，每個人都會自然而然地去追求一些有意義的事物，例如符合自己心理預期的工作，或者是回應來自內心的呼喚，但是有兩種人除外，第一種是：不確定心理的安全感（這建立在「你具備基本需求所需要的知識」之基礎上），第二種是：不願面對現實（直接面對真實情感、態度和信念）。根據馬斯洛的理論，沒有受這兩種情況影響的人，都可以享受自我實現的過程——他稱之為高峰經驗（peak experience），此時人們處在一種極度愉悅的狀態，完全沉浸於自己所做的事當中，對周圍的環境或時間的流逝都毫無知覺。

需求的層次

馬斯洛的自我實現模型描述了可以激勵人們的兩組需求：包括四個階段的D需求（或者說缺陷需求），以及一個B需求（即自我實現的需求）。D需求的四個階段分別為：生理需求（氧氣、食物、水等）、安全需求（保護自己不受傷害）、社會需求（又稱歸屬感需求，包含愛、情感，與他人的一致性）、自尊需求（從真實的成就中獲得的自尊和自信）。

一旦缺陷需求（D需求）得到滿足後，根據理論，人們就會進一步到第五個階段，即完成自我實現：是一種意識到自己內在潛能、能力及天賦的過程。值得注意的是，人們需求層次的提升往往是不自覺的，不會像我們小時候為了獲得童子軍獎章而努力。自我實現和「道」很類似，一切都是自然而然發生的。

馬斯洛非常重視這個觀點，他特別指出，道家中有些內容解釋了在自我實現狀態中，慾望和選擇為何是矛盾的、以及如何表現。他反覆強調，為了自我實現去奮鬥反而阻礙自我實現的整個進程。為了自我實現而採取有目的的行動，就好比強迫你平靜下來：你越是努力勸自己，你反而會越焦慮。或者，用矛盾的激勵效應來打比方，原本應該是非常自然的行為，硬要給予主觀上的特別關注，反而會對結果造成不良影響。

相反地，如果不是為了要得到物質回報、大家的讚許，或為了盡自己的義務，只為單純的快樂而去做某件事——類似於兒童無意識地玩一樣新玩具或培養一個新興趣

——這會使自我實現的過程變得很快。嬰孩收到禮物時，他往往會對包裝更感興趣，而不是禮物本身。嬰孩對於是什麼使自己感到快樂並不知曉，他只是單純地享受這件禮物，而不會像大人一樣對禮物的內容有所期許。同樣地，根據馬斯洛的理論，音樂家做音樂是出自內心的召喚；作家寫作也是出於相同原因；父母撫養孩子所付出的愛和精力也是不求回報的。

自我實現的障礙

在馬斯洛的需求層次理論中，如果我們仔細看這兩種行為過程的障礙——缺乏安全感和對自我評價的恐懼，就能清楚知道，為何這麼多嬰兒潮世代在職業生涯開始時一帆風順，但卻在達到頂峰時遭遇了精疲力竭症。我們先來看一下心理上的安全感，似乎很難相信父母的溺愛會導致孩子對自身能力感到懷疑，但這的確是事實。如果父母常常對孩子的表現提出嚴格要求，孩子會比較容易缺乏心理安全感。

我接觸過的許多精疲力竭症病人都表示，他們會出現這種情況可能是天生的。借助他人力量或自己天生的容貌來獲得財富與嘉獎，並無法滿足自尊或相信自己有足夠能力。社會比較理論顯示，我們只有透過和自己的同伴們比較，才能知道自己的水準。如果一個孩子的父親比其他人的父親還要優秀，並不會改變這個孩子對自己的看法，他只有透過和自己競爭的孩子相比較，才能了解自己的能力水準。

類似的方式，為一個人設定他的人生方向，或者表達對他的能力的期待，都會影響到自我實現的完成。人類學家瑪麗・凱瑟琳・貝特森（Mary Catherine Bateson）對於為別人制定目標是這樣評價的：

> 為年輕人設定成功生活的範本，是早期的決定和責任之一……是一種單一的人生軌跡，暗示我們緊盯目標……以上這些設定對歷史上大部分的成功人物都不適用，而且在現代社會中也非常不合適。過於清晰的目標會讓人看不清未來。

如果你知道貝特森的父母是誰，你或許就會理解為什麼她如此關注那些被強加很多人生目標的孩子。她的父母都是世界聞名的人類學家：瑪格麗特・米德（Margaret Mead）和格雷戈里・貝特森（Gregory Bateson）。儘管他們的女兒也從事相同的職業（瑪麗・凱瑟琳是一名人類學教授，並出版過多本備受好評的書），毫無疑問，年輕的瑪麗・凱瑟琳也感受到不言而喻的人生指令：要和父母一樣從事人類學。

作為專家的子女，繼承他們的DNA，自然就會被寄予厚望、實現自己的潛能。這樣明確的暗示，可能讓你無法做到像道家和研究自我實現的心理學家所說的保持心胸開闊，而這對個人的成長過程以及在追求中獲得快樂是非常重要的。

在職涯中擁有良好開端的人，在追求職業目標時，有時無法達到自己的能力值，其中一個主要的原因是：「追求自由的意志」往往會取代想要獲得成就和報酬的意願。實際上，我們的內心會拒絕那些非自由意志的行為，心理學家稱之為心理抗拒（psychological reactance），近幾十年來這一直都是實驗研究的主要課題。[13]

這裡有一個關於心理抗拒的簡單例子。假設有一位母親要求孩子：「當媽媽在廚房時，你要表現得像個好孩子。」她在離開房間之前說：「除了巴尼（美國兒童動畫片裡的紫色恐龍），玩具箱裡的任何玩具你都可以玩。」這個孩子會覺得被強加了約束，阻礙了他的行為自由，這可能會導致他立刻奔向那隻紫色恐龍。

孩子拒絕遵從父母的方向性指令，只是心理抗拒的冰山一角。有利的心理抗拒可以在兩方面產生作用：一種是移除成功道路上的障礙，讓成功不再變得具有挑戰性，只是優勢的開端會壓抑人的潛能。相反地，當一個人的天生優勢變成了方向性的指令，他必須要去挖掘自己的潛能（「你知道你有這麼高的智商是多麼幸運嗎？要是不用在學習上，簡直是一種罪過」），這種壓力會妨礙自由意志的表現，影響學習和工作。

我曾經共事過的人之中，有些已經毀掉自己所謂的天生優勢，他們不願再忍受這些強加在身上的天生優勢。正如前面提到的那個情緒脆弱的模特兒，她服用改變情緒的藥物，幻想著劃破自己的臉就可以將自己從美貌的「約束」中解放出來。我有一位患者的父母都是音樂家，而她卻一天抽兩包菸，想毀掉自己美妙的嗓音。

我還有一位患者，他是個彬彬有禮的男士，他的父母都是兩顆星的將軍，他卻在預備隊服役的第一天就攻擊自己的長官。當他的父親打電話給指揮官擺平這件事後，這位年輕人還向指揮官的臉上吐口水，質問他「為什麼管我的事」。他做了想要做的一切，只是這不符合他的家庭背景。

能夠感受到自由是自身利益中很重要的一部分，尤其對自尊而言。作為成人，我們需要的自由不是像孩子一般無憂無慮地玩耍，而是自由地去經歷和追求能讓心靈得到滿足的事物。如果別人都漫無目標，而你遵從內心意願並在人生早期就決定和承諾了一個目標，那麼比其他人，你就更有可能輕而易舉實現目標。但是當你比平輩更成熟時，通常需要付出可怕的代價，因為太過清晰的目標和過於輕易得手，會讓你在很多事上迷失方向，包括失去更為充實和快樂的生活。成功最為痛苦的矛盾之一就是：很有競爭力的人往往會忽視自己內心真實的聲音。因為目標很早就強加在他們身上，而非源自於內心的意願。

貝特森認為，在人生早期就決定和承諾目標，會阻礙馬斯洛認為是自我實現的關鍵要素：自知之明。如果你曾和擁有優等生性格的人相處，他凡事都要力爭上游，你就會明白，「對目標的追求」會阻礙一個人去理解自己究竟想要的是什麼、或者要逃離的是什麼。德國有一句諺語：「如果沒跑在正確的道路上，跑得再快又有什麼用呢？」

尚恩是我的患者中最上進的人。他透過所謂的長江後浪推前浪的方式，在幫助企業重建方面做得很成功（「請叫我基層之王」，他這麼說）。尚恩有很多好點子，早在巴諾書店（Barnes & Noble）和星巴克合作前，他就已經想過將咖啡和書店結合起來。每到週末，尚恩都會過得非常糟糕。雖然他擁有三輛進口車、兩棟度假別墅，以及令華衣教父約翰．高蒂（John Gotti）都自愧不如的衣櫥，但是他的每個夜晚都很空虛，大部分時間他都一個人度過。在難得的自我反思時間裡，他終於感覺到：對工作的過分投入阻礙了他人際關係的發展。但由於追求成功的觀念在他腦海中已根深蒂固，所以他選擇忽視自己對人際關係的需求，認為「船到橋頭自然直」。

尚恩會選擇接受我的治療，是因為他的表姐認為：「一個四十八歲的男人不應再和母親住在一起。」而尚恩目前就是。不幸的是，當我建議尚恩要趕快反思一下自己對待工作以及母親的態度時，他卻一臉諷刺地對我說：「你知道愛爾蘭人是如何對待聖母、愛爾蘭威士忌和救火的嗎？我救火是為了從自焚的火焰中搶救這些有價值的企業，而其他兩件事目前對我是無關緊要的。」

在他辯解後過了大約三個月，當我得知尚恩已經沉迷於心理治療如同工作上的專案計畫時，我感到十分驚訝，儘管他看起來精神變好了。他談論到之前過於沉迷工作的問題時，表現得非常開心。有幾次他還跟我們描述他母親是如何告訴他：「兒子，我們是住在小屋裡的平凡愛爾蘭人，不是那種住在燈塔山（Beacon Hill，波士頓高級住宅區）上的貴族。你一定要做讓我們感到驕傲的事，讓自己走出這片街區。」

尚恩還提到，在他的人生價值得以實現之前，母親就得了老年痴呆症，這使他感到很痛苦。在我們剛剛相識時，尚恩只有提過一次去世已久的父親，他說父親似乎更為偏愛那些打曲棍球甚至鬧事的哥哥們，而不是用功讀書的他。

尚恩是一個非常聰明的人，在和他接觸六個多月後，我認為要讓他充分意識到自己成功的動力，我想幾乎是不可能的。我決定是時候逼他講一講對父親感到生氣的事。我的假設是，如果尚恩拒絕討論為何和哥哥們相比父親更看不起他，那麼他永遠也無法明白是什麼力量在推動他追求成功，而這並非是遵從他內心真實的意願。尚恩為了抵消「自我厭惡」——從父親對自己書蟲行為的負面評價中所形成的，他花三十年時間來證明自己不是一個懦夫。

之後，尚恩花十八個月進行艱難的心理治療，因為一個出血的潰瘍讓他相信是時候需要改變了。也就是從那時起，尚恩不再是我的病人。現在我可以很高興地說，他已經離開公司，住到自己的度假別墅裡，希望「成為下一個法蘭克．麥克爾（Frank McCourt，愛爾蘭裔美國作家，著作《安琪拉的灰燼》曾得過普立茲獎）」。

根據馬斯洛理論，「許多心理疾病的主要原因都是對自我了解的恐懼——一個人的情緒、慾望、記憶力、能力、潛力和命運等」，並且，「這種恐懼具有防禦性……是出於對自尊和自愛的保護，也是對自己的尊重。我們會不自覺地對『導致自己被看不起或覺得低人一等的認知』感到恐懼」。[14]尚恩一直在壓抑自己對父親的不滿，因為害怕這種情緒會吞噬他。結果，在成年生活的大部分時間裡，他忽略了一個事實，就是自己沒有遵從內心真實的意願。只有透過這個艱難的心理治療，他才獲得了心理的安全感，並開始追求自我實現的目標。

馬斯洛需求的第五個層次：高峰體驗，把它和職涯成功之間劃分出明顯界線是很重要的。如同尚恩一樣，成功會阻礙自我實現，這是常有的事。除此之外，佛洛伊德也說過，有意識的成功會削弱我們認識自己的內在潛力和天賦。根據馬斯洛理論，當一個人在追求成功或是被認為有成功的潛力時，由此產生的自我評價會導致非常糟糕的結果：「發現自己有某項天賦確實使人興奮，但同時它會帶來『對危險和責任感』的恐懼，以及……忍受孤獨。責任感可以看作是一種『會讓人盡可能想逃避』的重擔。」[15]

克服精疲力竭症的第一步

有沒有什麼方法可以讓人不再被成功的負擔和責任所折磨，並能達到自我實現呢？答案是肯定的，但是過程並不簡單。馬斯洛稱那些完成自我實現的人為「正在生活，而不是準備去生活」。一個心理健康的人在成長過程中，每一步都是很自然的，並且擁有更多的主觀滿足感。用道家的話說，就是自然的道路，把自己置身於自然的變化中，而萬物的平衡不受干擾。你是自然生態系統中的一部分，並非宇宙的主宰，知道這點的時候，難免會感到很沮喪。

按照我的經驗，在與精疲力竭症病人接觸的過程中，參考佛洛伊德的理論是很有幫助的。佛洛伊德認為，「對自己完全坦誠是一個人所能做的最大努力」。大部分職場人士，特別是嬰兒潮世代，需要承認他們早期就決定和承諾的目標——不顧一切代價都要獲得成功——是一個巨大的錯誤。人們必須要明白：造成心理負擔的，是由於出眾的表現只能帶來物質報酬而非心理上的滿足感。在此之後，才會慢慢接近自我實現的過程。這種治療的困難之處在於它和「如果感覺好，就去做」的理論是相反的。

我建議作為治療精疲力竭症的第一步，是要**勇於面對心理上的弱點，不必再去自責**。那些活在他人眼光中的人們，唯有在了解「達到目標並不能改變現有的生活」之後，他們才能盡情享受高峰體驗。

你的雄心壯志為了誰？

雄心是人們心中巨大的熱情，無論得到多少成就也無法滿足。

——尼可洛・馬基維利（Niccoló Machiavelli）

之前討論的內容可能會讓你覺得：雄心勃勃地追求成功在心理上並不健康。還是讓事實來說話吧。當一個人的注意力集中在目標上時，這對心理健康至關重要。把適當的與不適當的野心攪混的，是結果與方法的區別。如果你的志向來自於內在原因，那麼這個動力會是健康的，因此你所做的就能提升自我效率和自尊。正如馬基維利說的，如果你只是為了錢，這個志向會將你帶到永遠無法滿足的境地。

馬斯洛從未直接強調這個問題，不過我相信他若還在世的話，應該會支持我的理論。說起來可能有點不好意思，作為成年人，有時候我們追求的與孩子的高峰體驗無異。我們常常需要把自我實現的動力與幫助他人（特別是家庭）的需要結合起來，滿足他人的基本需要是很天真的。每一個扮演滿足他人角色的人，都曾拒絕過這種缺乏抱負的奢侈生活。

為什麼雄心會有如此多的言外之意，原因很複雜；最大的可能就是我們常常將它與自我擴張、以及冷冰冰的物質主義結合起來。無論如何，重燃鬥志的關鍵在於如何健康地展現自己的雄心，這非常重要。

第四章

得不償失的復仇：傷害自己，是為了報復誰？

成就，是努力的結局和厭惡的開始。

——安布羅斯・比爾斯（Ambrose Bierce）

《魔鬼辭典》（*The Devil's Dictionary*）

安布羅斯・比爾斯是世界上最可愛，也是最無藥可救的悲觀主義者之一，他對成就的控訴大多數是正確的。不可否認的，成就可以帶來尊嚴，然而當成就變成了「強加在身上的結果」而非過程時，很多即將成功的人就掉下來了——或者更準確地說——從成功的階梯跌了下來。這種現象對情緒的負面影響極為深遠。當人們感覺到「自己整個人都被他人設定的目標支配」時，就會產生很強烈的對立情緒，甚至是暴力傾向。

努力激勵他人成功，可能帶來強烈的逆反心理，這種觀念並不符合美國人信仰的精神。很多人都認為資本主義文化的根源可以追溯到清教徒自助的精神。這個觀點相對積極的一面表現於班傑明・富蘭克林的《窮查理年鑑》（*Poor Richard's Almanack*），這本書講述如何透過付出努力、堅持和個人動力來獲取成功和財富（這兩者總是不自覺連結在一起）。

在富蘭克林出版這本書大約一百年後，霍瑞修・愛爾傑（Horatio Alger）出版了一本中篇小說，兩本書都奠定了基督教的工作倫理基礎：自力更生（the self –made man）。愛爾傑透過冒險故事中的角色，例如衣衫襤褸的迪克（Ragged Dick）和擦鞋童湯姆（Tattered Tom）從一窮二白到腰纏萬貫，向我們傳達一個簡明扼要的訊息：無論你出身於什麼樣的家庭，總是能經由努力工作和虔誠生活來提升自己。

不幸的是，這些書還有一些不公平的內容。被富蘭克林和愛爾傑完全拋在腦後的是，提升自我的過程在特定情況下會引發一些心理問題。例如，愛爾傑很熱衷描寫湯姆和迪克都會努力爭取生活中的每個機會，然而像西莫（Seamus）、莫迪凱（Mordecai）和李孫勇（Sun-Yung Lee）這些移民之子，他們對職涯成功的渴望很少能讓他們得到情感上的滿足。類似地，那些不敢違抗父母期望和要求而努力攀登職涯巔峰的人，往往會付出心理代價。

毫無疑問，富蘭克林和愛爾傑都認為他們的書可以激勵人們為成功而奮鬥。但是他們的作品時常被當成趕牛的刺棒，而不是牧羊杖。**當「取得成就」不再是一種鼓勵，而是一種脅迫時，奮鬥的過程都會帶有幾分怨恨和恥辱。**

基督教的工作倫理中很少有關於虐待的內容。當人們的壓力達到極限時，他們更傾向於因果報應理論，即一般說的「以眼還眼，以牙還牙」。相對於受到羞辱，產生復仇的念頭不會使人感到痛苦。當自尊心受到壓制時，所謂的「眼」和「牙」並不能使你的復仇慾望得到滿足。你的羞恥心往往來得更強烈，難以控制。

相較於成人來說，對孩子提出成功的要求會帶來更大的傷害。成年人知道自己職業生涯已經大致定型，努力工作主要是為了保證自己的收入。但是當一個學齡的孩子被父母逼迫要努力學習，只為了滿足父母親自己的情感需求或心理滿足，孩子心理難免會遭到破壞性的傷害。

你的學習成績不理想

在我剛開始工作的時候，約有三分之一的實習對象是成功人士的孩子，他們都遭受了兒童版精疲力竭症的折磨。他們的痛苦來源——沒有達到父母的要求：「拿到A讓爸爸媽媽開心」——通常是父母口中的學習成績不理想。這些孩子都被認為擁有著遠超過實際表現的學習潛力，但有兩個主要原因導致他們的學習成績不夠好：對社會指責的恐懼和憤怒。

對於青春期前的孩子和青少年來說，被貼上書呆子或者老師的寵兒之類的標籤，是最令人羞愧的事情。一些心理學家認為，因為表現得不夠酷而被同伴排斥，會讓心理本就脆弱的青少年採取極端暴力的行為。例如，一九九九年，科羅拉多州的科倫拜高中四年級學生艾瑞克・哈里森（Eric Harris）和迪倫・克萊伯德（Dylan Klebold）製造了一起血腥屠殺事件。如果被同伴認為是「天才」，或是「假裝博聞多識的討厭鬼」，為了防止受詆毀和孤立，這些聰明的孩子就無法發揮自己的才能。

學習成績不理想最常見的原因是，渴望逃避社會給他們的烙印，盡力避免「因為優秀的考試成績和老師的寵愛」而在同伴中顯得過於出色。[1]有人甚至透過逃課和扮演搞笑角色來避免自己被他人孤立。結論是相同的：避免學習成績太好。

另一個導致學習成績不理想的原因雖然不如前一個明顯，但是比較為人熟知，就是對父母的憤怒。從孩子的角度來看，父母總是不斷督促他們成功。如果一個孩子覺得家長只是為了自己的利益而催促他變得更優秀，插手他的生活，為他指明方向，或者用DNA來證明他的潛力，那麼他很有可能會被激怒。心理學家對一些學習成績不理想的人進行分析，結果發現，如果父母對孩子成功的回應只是「我知道你可以做到」或是「我早就告訴過你了」，[2]會迫使孩子更快地去破壞自己的學習潛能。這種有傷孩子尊嚴的評論傳達了多種訊息，每種訊息都能激起孩子的憤怒。

在某種意義上，「我早就告訴你了」傳達給孩子的第一層訊息是：「是我們幫助了你，你才成功的。」而另一層含義則將孩子出眾的表現變成了某種懲罰：如果你沒達到預期要求，那你就完了，因為它反映出你的學習態度很差；如果你達到要求，那你也完了，因為你的成功都是別人告訴你該怎麼做的，這些都來自於外在因素而非自身能力。

適當教導孩子聽父母的話是需要的，但是明智的家長會在要求孩子服從的同時，對孩子的成功給予心理上的表揚。如果孩子想以優異的父母的行為做標準，而他願意這樣選擇是出於良好的判斷、道德，以及智力，這能幫孩子保全一些自尊。然而，很多家長都忽視了這一點：孩子們會不顧一切地去追求自我存在感和自尊心。當父母把他們的意志強加於孩子，希望他們聽話，不斷地告訴他們這樣就會獲得成功，如此會讓孩子意識到自己只是家長的人質、工具，或者傀儡。家長無意中就在孩子心裡埋下了很深的怨恨，而孩子們之所以聽話，想要的只不過是父母的認同和關愛。

誰掌握了控制權？

生活中最令人感到心理滿足的經歷是：覺得自己好像掌控了全世界。心理學家把這種感覺稱為自我效能（self-efficacy）。[3]不論是在心理上或生理上，自我效能對我們都有很多益處：它可以提升學業表現，增強社交技巧，還能預防大部分的疾病，包括普通感冒甚至憂鬱症等。相反地，如果無法感受到自我效能——就好比你是一個提線木偶，有人拉著繩子在操縱你——就很容易引起一系列問題。實際上，很多人都知道，失控或無助感就是大部分非生理原因的憂鬱症的最主要病因。[4]

學習成績不理想的孩子經常故意表現不佳，因為他相信「適當的表現」——某種程度上可以帶領人們走向成功——還是會讓他處於父母的控制之中。沒有社交困擾的孩子也會故意表現不佳，而他們只是為了感受自我。然而想要獲得父母關注的孩子，透過表面的自我挫敗行為，很快就發現，傷害自己最容易獲得回報，如果父母在乎的話。

過度期待孩子實現自己願望的父母，會因為孩子成績不佳就幫他們請家教、要求上補習班，或者對孩子進行物質賄賂。一旦這種模式形成，孩子和父母就會發生角色互換：曾經受壓迫的孩子現在變成父母的操縱者，而父母則被孩子牽著走。

如今許多孩子會選擇「讓自己失敗」來獲取控制權，主要原因在於：他們自戀的父母過於期待藉由孩子的成功給自己帶來回報，恨不得把「我的孩子是優等生」的貼紙貼在汽車保險桿上。然而，有時候孩子無法扭轉局勢，只能默默地繼續尋求機會為自己找回控制權。當這種情況出現時，就會引起比較嚴重的問題。

小愛因斯坦的復仇

亞當是我之前的一個病人，他來自波士頓的郊區，在一個富裕且十分正統的猶太家庭中長大，家中還有一個大他六歲的姐姐。亞當的生活受到非常刻板的教條約束，包括嚴格遵守安息日習俗、飲食習慣，以及禁止與非猶太裔的女性交往。儘管亞當的家庭有濃厚的猶太文化和宗教性規矩，但在他家裡，沒有比獲得成功更神聖的事了。亞當的父母都受過高等教育；他的姐姐是一個成績全A生，並且作為優秀學生代表從哥倫比亞大學畢業。亞當從幼兒園開始，學業上的成功對他來說是最基本的要求。他命中注定要成為一名學者，並在研究的領域出人頭地。

亞當的父親經營一家非常賺錢的珠寶公司，他小時候和忙碌的父親相處的時間非常少。亞當形容父親擁有「成百上千萬的生意」，所以他父親從週日到週五都沉浸在與工作相關的事情中。星期六則是在祈禱和沉思中度過，或者與親朋好友討論《聖經》的內容。根據亞當的回憶，唯一能打斷他父親生活步調的就是他考試沒有得到

A。他說：「上帝保佑我，讓我的學習成績達到他的預期。如果沒能表現得像他的『小愛因斯坦』，我可以預料到，接下來的一週都會在每天兩小時的說教中度過。幸運的是，我以優秀學生的身分從哈佛畢業，並繼續在那裡讀MBA。所有事情看起來都不成問題。」

在完成研究所學業後，亞當與一位高中就認識的東正教女孩結婚，並到瑞士工作，在那裡他從事國際銀行方面的工作。但是他說，在他內心深處，卻始終心繫珠寶業，三年不到他就回到麻薩諸塞州和父親一同工作。我後來得知，亞當第一次離開美國或許是想從不健康的父子關係中逃離出來。然而，正如心理上不協調關係的例子一樣，一方或雙方都逐漸意識到，與其兩個人在一起共同努力，還不如其中一個人離開。

回到波士頓後，亞當立刻在父親的公司被委以總裁和CEO職位；在實際負責的業務中，他要監管價值百萬的寶石採購、銷售，以及終端零售。這份工作本應使亞當的生活更加舒適，但是他最需要的並不是金錢；亞當運用父母和岳父岳母（比他父母更富有）的資源，和他太太買下豪宅、撫養小孩，並且更積極地參與家族事務。他的生活看起來非常完美，直到有一天，波士頓的警察前來逮捕亞當，指控他在黑市上交易偷來的鑽石。

在審訊亞當時，警察表示已經調查他兩年多。他們有錄音和影片證據顯示亞當從不正當管道大量購買裸鑽和其他寶石。在律師的建議下，他一開始聲稱沒有犯罪，但很快就認罪了，他被判巨額罰款以及五年緩刑，不用坐牢。當他從這個法律泥淖中走出來後，立刻向我尋求心理治療。

在亞當的案子中最令人震驚的是，雖然他可以從鑽石的非法交易中獲利近一百萬美元，但他一分錢都沒有花，所有錢都存在海外帳戶中。而且，亞當幾乎沒有在自己身上花過什麼錢。他是個謙卑、顧家的男人，只有一件事除外——量身定製服裝，但這用他在父親公司領的二十五萬美元年薪支付都還綽綽有餘。既然亞當已經有足夠生活的錢，到底是什麼原因驅使他犯罪？他值得冒險用自己的未來換取金錢嗎？

我認為，亞當在第一次治療談話中對我直白的問題做出反應時，就已經回答了這些問題：「是什麼促使你來我這裡的？」他說：「我想我已經殺了我父親。我知道我毀掉了我母親、姐姐、妻子、兒子和其他至親；因為我的所作所為讓家族蒙羞，但這不是我如此憂鬱的原因。現在我生命中最大的問題是，事實上我殺了我父親。」他用了兩次「殺」這個詞，我差點當真，事實上他父親還健在，並且幫他支付了心理治療費用。但在這種情況下，他反覆用這個詞，我知道其中一定還有更深的含義。

在心理治療中，通常認為「動作倒錯」（parapraxis，也稱佛洛伊德式口誤）——即說錯話，或是其他感官和表達等的錯誤——可以顯示出一個人內心的潛在願望、想法、動機等。例如，一個男人一直隱瞞著自己的婚外情，當在他換天花板的燈泡時，請妻子幫忙拿東西時說成：「親愛的，能幫我拿一下『情人』（Lover）嗎？」而其實想說的是：「幫我拿一下『梯子』（Ladder，音近似Lover）」。亞當說自己的犯罪行為「殺」了父親，他說的時候一點都不覺得羞恥、不尊重、丟臉、受辱或極度尷尬，他的說法聽起來好像是不經意間說出口的，但在心理上卻有十分重要的意義。

另外還有一件事讓我相信，亞當這種「佛洛伊德式口誤」（Freudian Slip）有更深層的含義。當我看到亞當時，我注意到他的態度很明顯的就是「過度控制」。你知道有的人會習慣性地微笑和點頭，馬上就會讓人覺得有禮貌、平易近人，而亞當就是這種人。儘管他大聲向你問好：「您好！您好！擁抱我！」還帶著手勢和肢體動作，但是他臉上的表情告訴我他其實很生氣。

我曾經認為，亞當憤怒是因為他的官司。但當我聽到他說使他最壓抑的是他的犯罪行為：「殺」了他父親。我就完全明白了，亞當相信自己不應為自己的行為負責，他責怪的只有他父親。

沒有什麼陷阱比你為自己設下的陷阱更致命。

——雷蒙·錢德勒（Raymond Chandler）

再有一次這樣的勝利，我們就完了。

——皮洛士（Pyrrhus），伊庇魯斯國王

偽裝成自我毀滅的復仇：我不好你也別想好

我治療過的很多人都因為各種原因想毀掉自己的成就，但是最後我都可以理解他們，因為人也有適應性。有的人出現自毀行為是想讓自己脫離已經逐漸絕望的職業軌跡。但還有一些人，例如亞當，受過更深的心理創傷，就會訴諸一種我稱為「皮洛士復仇」（Pyrrhic Revenge）的行為。簡單來說，皮洛士復仇是一種透過傷害自己或自己的事業來懲罰他人的行為策略。進行皮洛士復仇的人通常針對的是過去所受到的虐待，他們具有馬基維利《君主論》裡的政治天賦：他們的行為看上去並不像是復仇，但其實是。

雖然他們的人生見識和適應力都來自於自毀行為，但進行皮洛士復仇的人往往承受著巨大的心理痛苦。當一個尋求復仇的人走到亞當這一步來掩飾自己的真實意圖時，最大的問題已經不是支離破碎的職業生涯了，而是應該如何處理自己的憤怒從而不被焦慮拖垮。

皮洛士復仇是一種手段，讓不光彩的侵害或故意的意圖能為人所知。皮洛士復仇者傷害了完美的自我形象，甚至可以說自己是好人，只是受了誤導、誤解，或壓力使然。這點對於理解皮洛士復仇的動機非常重要，能幫助我們知道，什麼才能擺脫導致精疲力竭症的自欺欺人困境。只要人們無法或不願意面對自己的憤怒或負面情緒，就無法體會心理上的滿足感。

我們身邊這樣的例子不少，他們在獲得成就後，卻用自己的行為疏遠了所愛的人，讓所愛之人難堪，同時也賠上自己賴以為生的職業。沒有案例是完全相同的，我接觸過的自毀前途者，也並非都認為自己的行為是有意為之或帶有復仇色彩，但有時真如法律所說，事實不言自明，真相自己會說話。

在一九九八年的《富比士》明星調查報告中，理查．貝哈爾（Richard Behar）發表了一份關於丹尼斯．赫利維爾（Dennis Helliwell）的揭祕報告：〈華爾街的漢尼拔：金錢至上的食人魔，吞噬了自己所愛的人〉。[5]根據貝哈爾的描述，赫利維爾經營了一個龐氏騙局（Ponzi scheme，金融詐騙手法）十一年，比查爾斯・龐茲（charles Ponzi）經營的騙局還要長了十年四個月。赫利維爾向大約五十名投資者承諾，透過他在海豐銀行（Marine Midland Bank）管理的基金中（其實是他自己的支票帳戶）可以獲得高額報酬，他因而募集到大約五百萬美元。然而，與眾多欺騙想迅速致富的天真投資者的白領罪犯不同，赫利維爾最臭名昭著的一點是：他只向自己最親近的朋友和家人下手。在案發之前，他已經將弟媳的積蓄騙取一空，至親們也被他騙了將近一百萬美元，甚至從他的好朋友，也是他女兒的教父那裡騙到了六十六萬七千美元。

當《富比士》雜誌的貝哈爾找到我，問我是否能分析赫利維爾向近親施虐的行為。儘管我從未見過這個人，但我覺得不妨一試。雖然只憑貝哈爾的報告無法診斷，我還是非常肯定赫利維爾的行為根源和之前的亞當很相似。在我看來，亞當的皮洛士復仇與赫利維爾的龐氏騙局，兩者最大的區別在於：導致赫利維爾犯罪的原因可能是他有補償性復仇的需求——他認為自己在人生某些時刻被別人看輕苛待，於是就想讓人們付出殘酷的代價。

白領犯罪通常利用成功或騙局來掩飾他們自我概念中的消極部分。伴隨著這種情緒長大的人容易產生自我毀滅行為，他們引誘他人進入自己的生活，以懲罰他人犯過的錯。短時間來看，這種策略可以收到效果，但從長遠角度看得不償失，例如你所愛的人鄙視你，再多的成功也無法撫慰這種挫敗感。

在一個單純由利益驅使的詐騙中，罪犯會設置一個幌子，引誘人們上鉤，一旦完成了「財務謀殺」，他就會抽身離開。詐騙者的目標是金錢，一旦得手，絕不會在原地徘徊。但是自我毀滅型的白領犯罪者，他們會盡可能地待在原地等待這樣的結局：「你曾經待我那麼差，謊稱關心我，但我一直都知道事實。看看現在誰才是傻瓜？」這種類型的白領犯罪者很少會對陌生人下手，他們只用非法騙局來引誘並懲罰和自己關係親密的人。「我過得不好，也不能讓你好。」

再次重申，實際上我並不能確定赫利維爾的犯罪動機和亞當的案例或剛才講的內容是否能夠相提並論。但如果赫利維爾不是以傷害最親密的人為目的，為何他不將網撒向更廣的人群呢？相同的，他為什麼不在騙取到足夠的錢之後，就去巴哈馬的比米尼（Bimini，度假勝地）避風頭、度過奢侈的後半生呢？他的行為都是直接向親朋好友施加心理上的壓迫，而非單純追求物質的滿足或享樂的慾望。

薛西弗斯成就：你給的永遠不夠多

儘管很難把亞當這類心理問題歸結於單純的某種原因，但眾所周知的是，他那要求嚴苛的父母阻礙了他自尊的健康發展。心理學家將這種妨礙自尊形成的主要干擾稱作「功能性自戀障礙」，受此影響的人都會裝成「自己是值得尊重和讚揚的人」來彌補情感上的不足。這其實是一種兩面不討好的心理防禦方式：假設你越擔心你欺騙了別人，相對的……你騙自己的也就越多。

我認為，亞當從父母那邊接收到的訊息讓他產生了自戀型障礙，因為他無法達到父親的期望，所以最後不能達到心理上的滿足。從某個角度來說，他父親對他的評價——我的小愛因斯坦——可以看作是對他的理想化期待。從「小」和「我的」兩個詞可以看出，亞當的父親關心的只是他自身的「自戀需求」以及「兒子滿足這種需求的能力」。亞當從不覺得他的努力是為自己，全都是為了滿足父親的自尊：「為了我，你要好好表現，證明我們家族的優秀血統；這是我愛你的條件。」亞當的苦惱在於他始終無法產生自我肯定的感覺，因為他也從沒覺得父親重視他的感受，相比之下，父親還比較重視自身的感覺。這樣的成長歷程，讓亞當幾乎無法從達成目標中獲取心理滿足感。

真正使亞當心灰意冷的是父親對他的貶低。只要有一點點沒有達到父親的要求，亞當就會被父親責罵，亞當的自我價值全仰賴於父親的評價。一張A−的成績單就會成為責罵的導火線。儘管有些人指出，正是父親的這種要求，才讓亞當有動力進入常春藤名校，但試問，戰艦上的奴隸，會感謝每天鞭打他的監工讓他看到大千世界嗎？從小就在父母不斷變化的要求和貶低中長大的孩子，會窮其一生來試圖擺脫這種負面情緒。像亞當這樣的人，生來有著極高的智商和堅忍的意志，他們為了自私的父母替他們設定的目標而苦苦奮鬥，這是一種因應策略，能維持幾十年。不幸的是，這種做法只是按症治療，卻無法從根本上解決問題。

默默接受並順從「父母自戀需求」的孩子，只有在滿足父母的需求和成為父母自戀的資本時，才能感到放鬆。實際上，亞當的父親曾說：「你有成就，我就會高興。」而亞當也是這麼做的。亞當的成就讓自己的內在體驗到滿足感了嗎？當成功的目標讓父親滿意了，他自己的感受是如何的呢？這種情況發生得多了，孩子就會覺得自己被利用、被操控、被剝奪人性。

在成為父母自戀資本的情況下，只有一種結果是比較正面的：真實的成功能確保自己受到讚揚、獎賞、回報以及同伴的歡呼，還有其他各種形式的奉承，這些能讓他們短暫地感受到自尊得到了滿足。但時間久了，在父母自戀資本陰影下長大的人，會渴望從讚揚中解脫，他們對於鞭策他們獲得成功的人會持有憤怒。

在我看來，他們被自戀型障礙所折磨的情況，與中國明朝時期那些底座上有洞的花瓶無異。他們被當成花瓶，努力想實現無價值的目標，然而花瓶還是不能發揮作用，因為它被毀了。水會從底部流走，花也無法存活。

作為父母自戀資本的孩子，他們因為實現了父母的願望而獲得成功，我把這種成就比喻為薛西弗斯的成就（Sisyphus of achievement）。薛西弗斯的成就意味著：在達到目的後，自尊中的「失敗」部分又會重新出現；聚光燈熄滅，上坡路又再次出現在眼前。這種情況是由於無法滿足自戀父母們貪婪的需求所造成的。成功後沒有慶祝，沒有享受榮耀，也沒有讚揚，有的只是「我還需要更多」，意味著「你給我的還遠遠不夠」。

皮洛士復仇策略

遇到亞當這個案例，我很幸運，因為他願意接受並研究我對他的解讀。很快地，我們坐下來針對他的自毀行為和「殺」父親想法之間的關聯進行討論，他也很快就回憶起並描述父親曾經如何「不公平」的責備他，用「既死板又固執，且毫無人性」的方式對待他，當下他只感受到憤怒。不久，亞當承認在他非法交易鑽石之前，他就已經有所察覺，一旦自己的犯罪行為被發現，會對父親造成空前巨大的打擊。在治療即將結束時，亞當是這麼說的：「我猜，在與魔鬼共舞的這些日子裡，我傳遞給父親的訊息是，『爸爸，我希望這件事傷害你比傷害我更多；我相信既然你愛你的事業比愛我更多，那麼現在我從我的痛苦中解脫出來，而你還沒有』。」

這就是佛洛伊德認為被成功壓垮的人和進行皮洛士復仇的人之間最主要的區別。皮洛士復仇最終會給那些有自毀傾向的人提供機會，從滿足父母自戀需求的成就中獲得快樂（哪怕只有一點點），儘管它有可能是不正當的。

我接觸過的每一位白領罪犯，都使我相信他們並不是出於金錢目的：他們守候在犯罪現場周圍，確保自己會被抓住，而且被捕時會感到如釋重負。我曾經治療過一位內線交易者，他是在一九八〇年代引起全美關注的人，他告訴前來逮捕他的FBI探員：「我一直在等你們。」沒有自我保護意識，沒有隱瞞，也沒有否認自己的錯誤行為，是採用皮洛士復仇的人的顯著特點（他們絕大部分都是男性）。在我看來，在犯罪中被逮捕，等於打破他們的金手銬和困擾他們數十年的薛西弗斯循環。實際上，這種對成功的追求只是用來證明自己是最出眾或最優秀的，而停下腳步後，未來其實還有很多類似的機會，例如成為學者或公益信託管理人等。

當成功讓一個人意識到：為滿足他人的自戀需求而在自己心理造成了傷口，即便他獲取了成就，也無法使這樣的傷口癒合，他的憤怒就需要得到宣洩。通常，皮洛士復仇會是最便捷的選擇。如果一個人是自發地追求成功，那麼在成功後，他沒理由也沒必要「只是為了向別人施加痛苦」就毀掉一切，但如果只為滿足別人的自戀需求而成功的人，就有充分理由。由於皮洛士復仇可以有效地否定自戀父母們的貪婪需求，同時不會表現出明顯的侵略性，因此許多受困於追求成功的人，就會選擇用這種方式處理自己精疲力竭的症狀。

第五章

成功者需要女性思維

為什麼女性不能更像男性一些呢？

——艾倫・傑伊・勒納（Alan Jay Lerner）
《窈窕淑女》（*My Fair Lady*）

因為她們一生都在應對人際關係，這也是女性直覺真正的意義所在，女性對於任何團體或組織都能做出獨特的貢獻，我認為是她們自身決定是否展現出這種意識，而這恰好是男性在他們的教育中很少能展現出來的。

——瑪格麗特・米德（Margaret Mead）

在我成為臨床心理學家之前，令我著迷的是社會心理學：研究群體、制度、文化的發展，以及這個集合體如何影響個人的精神生活與人際交往行為。而這個領域最使我感興趣的就是，只需對所處的環境和日常交往的人稍作變化，所謂的人類行為法則就都能被輕易改變。

舉例來說，毫無疑問，「物以類聚」無論對鳥類還是人類都適用。這在任何一所高中的餐廳裡也很常見，喜歡運動的人總是一起吃飯，成績好的人也總是聚集在一起。而這種現象在美國移民中更為明顯。移民潮所產生的社區很快被重新命名為「小哈瓦那」、「小奧德薩」之類，反映了移民如何成功地再現他們出生地的本質特徵。但是「物以類聚」的法則也有一定的局限性。從積極面來看，它增強了團體關係中的親密度；持負面意見的人則認為，團體中少數族裔可能會被排斥，然而不同能量、熱情和認知傾向的成員，會刺激團體中人際關係的成長與發展。

要理解為何某種法則只在特定環境下有意義的心理因素，其實還是相對簡單的。在先前的例子中，該法則所處的環境裡（遷居、移民、高中），生理和心理上的威脅較為普遍；任何導致焦慮的情況都會引發團隊內部的支持。相反地，如果環境一直都非常平穩，人們就有心理安全感，這種安全感會使他們冒險去和不熟悉的人結盟（類似陰陽結合），為他們的生活帶來良性壓力。

對男性適用的卻不適合女性

美國人看不起懦夫，這一點大多數人都認同。從汽船發明家羅伯特・富爾頓（Robert Fulton）的小引擎（曾被稱為「富爾頓式的愚蠢」）就可以看出，西方文化歌頌在逆境中堅持不懈的英雄。美國人的企業家精神眾所周知，很難想像這樣的情景：永不輕言放棄的態度會引起除了尊重以外的任何情緒，但是這樣的場景確實存在：當這個堅決、不屈不撓的人是個女人時。

諷刺的是，當堅持不懈的特質用在身體上的征服或統治時，會有人鼓掌叫好；但當它幫助維持或修復一段親密關係時，往往會被詆毀和看輕。換句話說，美國人把男性士兵視作英雄，他們參與戰爭，殺死敵人，冒生命危險去幫助重傷的戰友；然而又嘲笑泰咪．懷尼特（Tammy Wynette，美國知名鄉村音樂歌手）式的女性，尤其當她們為了支持自己的丈夫克服了重重困難。

女性心理

為什麼相較女性而言男性更易獲得讚賞？心理學有一個支派可以回答這個問題，就是性別差異。對於性別差異的傳統解釋多聚焦在男性染色體是ＸＹ，而女性染色體是ＹＹ。在人類基因工程上，將毋庸置疑地推動這方面的研究進展。但是我更喜歡從非生物決定論的角度考慮性別差異，除非科學家能在三十億個遺傳密碼組成段中，精確指出哪一段決定男性或女性特徵。我認為，性別應當被看作人類經驗的一扇窗，透過這扇窗，心理變數被過濾掉，根據這扇窗，人們評價複雜的社會形勢和人際互動。[1]

用這種方式解讀性別差距的學者叫作珍・貝克・米勒（Jean Baker Miller）。她對女性心理學的全新研究改變了人們對性別角色的定位、以及基因分類行為的看法。[2] 珍做出的另一項巨大貢獻是，她喚起大家對一個事實的重視：人們常認為女性特徵不僅不利而且不健康。然而在大部分情況下，事實剛好相反。

米勒的核心觀點是，由於女性的特性，她們天生要比男性多一些撫養責任，而造成這種心理劃分的過程也很簡單：女孩的性別認同來自於想盡力和她們的母親表現得一致，男孩則是盡量要表現得和母親不一樣來產生性別認同。

如果男性經常試圖表現得更自主或獨立，刻意與母親的行為及在家庭中的角色相反，那麼可能會導致多種後果。他們不會像女性對親密行為感到舒服（男性似乎覺得親密是種危險，總是要採取措施來進行抵制）。他們在奮力爭取米勒所稱的連結性方面會遠不如女性。簡言之，雖然男性更有可能把「成為山中之王」看成是一種美德——一種跟男性性別角色一致的結果，但女性卻將它看成是對性別意識的詛咒。很重要的一點是，在大部分情況下，如果成功的定義是一個高高在上的職位或社會階層，相較於獲得成功，女性會比較傾向希望自己更受歡迎。

雖然連結的歸屬感十分有益處，但它在人際交往間是有副作用的，一旦這些關係受到威脅或被破壞，你會難以承受由此造成的心理痛苦。用米勒的話來說：

> （女性發展的）中心特徵就是女性會在與其他人連結的關係網中存在、建立和發展。實際上，在能夠建立並維持人際聯繫和關係上，女性的自我感覺變得非常有組織、有條理。最後，對許多女性來說，人際關係破裂的威脅不只是一種關係的喪失，是接近於自我的全部喪失。
>
> 這樣的精神結構是許多問題的基礎。例如憂鬱症，它與人際關係引起的失落感有關，在女性中更加普遍。[3]

根據心理健康調查，二〇%至二六%的女性都在人生的某些時候經歷過明顯的憂鬱，而男性的比例只有八%到一二%。[4]女性出現這種不均衡的高比例憂鬱症，原因在於性別差異的醫學和社會心理模式。但是，這一研究發現圍繞著很多的醫學解釋，在此就不多做討論。[5]

由於女性在社會中扮演的角色，她們承受更多的憂鬱（與此相關的是壓力），人們對於這一點常常有爭議。有不少女性在工作上已獲得合適位置，許多研究據此探討了一個假設：由於對已婚職業婦女的要求大大增加（負擔「家務＋母親＋主婦」），因此她們的心理遠不如家庭主婦健康。然而，研究顯示，同時扮演幾個社會角色和心理健康之間存在著積極的關聯。尤其是，同時是妻子、母親和職業婦女的女性，她們的自尊比社會角色沒那麼多的女性還要高。[6]

這個發現支持了本書討論成功導致的後果的一個主要觀點：獲取專門技能或追求職涯目標，通常可以得到很高的物質補償，但活動的多樣性就會減少。結果是，專業人才承受了失去自尊來源的痛苦。樣樣都懂的女性，她們的自尊要比從事單一行業的要高，因為一個人扮演的角色越多，獲得社會激勵和心理回報的來源就越多。

既然很明顯女性並不會因為工作壓力而比男性更容易患憂鬱症，為了解釋為何女性比男性更容易感到沮喪，很多學者集中研究：女性和男性是如何遭受人際關係破裂所帶來的影響。一個被拋棄的男性可以藉由情感創傷外在化的方式處理負面情緒（例如變得好鬥或用偽裝、吸毒來分散注意力），但是女性受的教育是不能輕易表露出情感的傷痛。由於女性比男性更具有哺育天性、以及她們早年的社會化經歷，成年女性會害怕分離，害怕人際關係破裂，傳統上她們會付出很大的努力來維持、重建受損或失敗的關係。

這種「我應該維持好關係」的負擔會在短期內導致壓力。如果一個女性長期試圖提升人際關係的品質，就可能會產生心理消沉，尤其是當她認為，不能保持良好的人際關係是因為自己無能或無助的表現造成的。[7]

像女性一樣思考的男性會有精疲力竭症嗎？

在眾多導致精疲力竭症的因素中，最糟糕的一種就是大家對追求成功的人的態度。不論你是否相信，典型的美國式成功是類似於拯救鐵達尼號郵輪的偉大成就。成功的人，例如普羅米修斯，應該是堅強且獨立的。難道一個需要心理治療的小神會去冒惹惱宙斯的風險嗎？應該不會。可以想像工業巨擘們每天偷偷溜出門看精神科醫生嗎？我懷疑。

在類似的情況下，人們通常認為像約翰．戴維森．洛克菲勒（John D. Rockefeller）這樣的創業英雄都非常穩健，有強烈的自我意識。[8]他們白手起家，是艱苦奮鬥的普通人，並非選擇只為領導者服務。創業家常常會「打破常規思考」。他們不在意現狀如何，只遵從自己內心的聲音。稍微思考一下你就會發現：任何成功企業的模範領導者都是獨立的，願意面對困境並把這份堅韌傳遞給任何人。成功的CEO會在辦公桌上放一塊牌子，上面寫著「責無旁貸」。

人們對成功原型的文化偏見，使得人們很難在獲得成功時妥善應對。我們定義成功的方式非常男性化，許多人想離開令人厭惡的職業，但又望而卻步。蕭伯納採取的方式其中包括承認失敗。離開一個收入頗豐厚的職業會讓人們對你的韌性產生質疑。在一艘高速航行、失控的船上，誰會先跳下去呢？人們認為會是「承受不住壓力的人最先跳」。

成功並非心理痛苦的解藥。蕭伯納在中途放棄，最終卻在多方面獲得成功，人們對這個案例的描述，呈現出糟糕的成功觀。這樣的偏見在現今很猖狂，雖然有很多證據顯示，物質上成功而心理上不滿足的職業生涯是種災難，但很多人依然固執地把獲取物質的多寡視為成功標準。

我們可以試著與自己對話，擺脫這種成功觀。可以分為兩步進行：首先，也是最主要的，要承認這種男性化的成功觀是不健康的。我們要理解，僅憑少量的訊息就對一個人做出判斷，容易扭曲我們的成功觀。第二步，我們要將自己的態度往女性的思維方式轉變，這需要一個過程。與其堅持「沒有什麼比成功更成功」，不如把這句格言改成「沒有什麼比成功更有害」，更為明智。

軟弱的恥辱

剛開始治療精疲力竭症患者時，很多人都表示，如果被別人發現他們在進行心理治療，他們會「羞愧而死」，我為此感到十分震驚。在我治療過的患者中，波士頓附近的一位《財星》一千大公司CEO給我的印象最深刻，為了防止被人發現，他每次來我的診所都做足萬全準備。這個害怕曝光的CEO每次到我辦公室，都是開他祕書的車來，因為他自己的車牌十分引人注目。雖然他沒有用假髮和化妝來偽裝自己，但他每次都要預定連續的兩個時段，並保留其中的二十分鐘：他前一位和後一位病人之間分別間隔十分鐘。

這位CEO年收入近一百萬美元，管理一家有三千多名員工的公司，並在另外四家公司擔任董事，然而他還是害怕承認：其實他對自己的成功並不開心。簡單來說，他害怕有人問他：「你有這麼好的工作，不會膽小鬼到無法承受你的工作壓力吧？」

這位病人害怕的也是大多數男人害怕的事情：軟弱的恥辱。這種心理問題在於，很多特別是出生於二十世紀六〇、七〇年代前後的人，與現在的年輕人不同，他們看不到軟弱的好處。對於沉默的世代或其他人來說，變得軟弱等同於不受保護，不防備，極度敏感或情感氾濫，把自己的一切都暴露在眾人面前，就像一個對疾病沒有抵抗力的人一樣。我們的文化可能還要過幾十年才能意識到：軟弱有時也意味著更細膩的情感、對他人關愛的接受等等。現在的人們還是會下意識的抗拒給自己貼上軟弱的標籤。

對於因軟弱而有心理壓力的人，要想這個社會轉變對他們的態度，還有很長一段路要走。一九八六年，當我治療那位害怕曝光的CEO時，他對自己的軟弱感到羞愧，這是當時普遍的心態。當大眾發現奧斯卡影帝洛．史泰格（Rod Steiger）有憂鬱症時，他這樣回應：「我的經紀人很憤怒。在這個產業，一旦人們對你產生懷疑，你的職業生涯就完了。」[9]實際上，他經紀人的擔心是沒必要的，史泰格並沒有出現在演藝圈的黑名單上，並且在「放飛」自我沒多久，他還拍了一部劇情片。

隨著時間的推移，儘管大部分的心理疾病都擺脫了「精神軟弱」的標籤，但是關於成功的好處，如何獲取成功，如何享受成功，這些刻板的看法卻仍然很難改變。其中的原因之一就是很少有人能體會到不同凡響的成功。詩人艾蜜莉．狄金生（Emily Dickinson）曾經說過，「對於還沒有經歷過成功的人來說，成功看起來總是最令人嚮往的。」不幸的是，尚未成功的人總是把成功以後的生活想得太過美好，而我們知道，事實往往並非如此。大致來說，這是我們描述成功人士的一種方式。這種偏見也是由於整個世界都習慣用「以偏概全」方式來看人的關係。

坐在露天咖啡廳看到情侶走過去，我們可以看出他們的感情是否穩定，以及誰在感情中占主導地位。然而，當我們要分析成功人士時，問題就出現了。我們對成功人士的定義很廣，而且不易改變。不過也無須自責，它不僅普遍存在，而且往往比較準確。

一見鍾情不隱藏

我很樂意承認，我對我的妻子一見鍾情。在經歷多年的臨床訓練和心理學的考驗後，我不得不說，在挑選終生伴侶時，我把多年累積的專業知識拋諸腦後，僅僅看她走進房間向我問好，我就決定非她莫屬。

我遇見她並結束單身生活時已經四十一歲。上天給了我一個機會，當時我為洛杉磯一家公司做諮商，在工作一週後，雇用我的市場部副總裁問我是否願意為她所屬的社團做一次演講，社團裡都是女性企業高階主管。我欣然接受。在演講開始前，我看了一眼大廳的門廊，有一個人走進來，我立刻就愛上她。在我們互相介紹後，我的感情愈發強烈，演講結束後，我們又聊了幾句，說好保持聯絡。

飛回波士頓後，我把這次相遇告訴朋友們，他們幾乎異口同聲：「是啊，一見鍾情。洛杉磯的女孩都很美麗動人，但你跨越一萬公里就為了和一個漂亮姑娘約會，值得嗎？」只有一位優秀的心理醫師持不同意見，他叫傑拉德．阿德勒（Gerald Adler），他說：「哇，那她一定有非常吸引人的個性。」

傑拉德知道，我對妻子的第一印象是所謂的內隱人格理論（implicit theory of personality），即透過對方的眼神、手勢、以及一段對話的表現，形成了我們對他人的看法。這些印象足以覆蓋不確定的因素。我們會選擇性地將注意力集中在影響我們關鍵判斷的特徵上，而其他特徵則是從屬的，所以只要有一個顯著的訊息就足以引發內隱人格理論。傑拉德知道我妻子對我的瞬間吸引力，是建立在我意識到「她顯示出來的特徵對我很重要」的基礎上。

每個人都有自己的內隱人格理論，這是基於個人經歷所形成的，但是這個理論的最重要部分卻是由文化所決定。而關鍵的文化決定因素就是語言。如果我們內隱人格理論的中心特徵充滿文化內涵（比方說，什麼類型的人會成功），那麼我們需要做很大的努力才能改變這個觀點。

長久以來，每個詞彙都有其引申含義，不過有些詞在同一個語境中是幾乎無法搭配的。[10]例如，你可以說，「他是一個有領導力、極具進取心的人」，但要是說「他是一個有領導力、很害羞的人」似乎就不太合適。因為將「領導力」和「害羞」放在同一個人身上，怎樣都令人感覺不對。

在社會心理學發展初期，類似領導力和進取心這樣的詞語，都是描述對他人第一印象時常用的詞語。有關這個現象，最廣為人知也是佐證最多的研究，就是在對人的大致印象中如何判定「溫暖」和「冷漠」這兩個形容詞。[11]

在一項實驗裡，要求學生志願者評價一位陌生的演講人。在他們見到演講人之前，每個人都被告知，「他是個溫暖的人，勤奮、刻苦、腳踏實地、意志堅定」或者「他是個冷漠的人，勤奮、刻苦、腳踏實地、意志堅定」。實驗結果非常驚人：當演講人和學生們進行了二十分鐘的討論後，演講人離開教室，學生們則需要寫下他們對這位演講人的評價。可以看到，一開始就被告知演講者是個溫暖的人的學生，主動和他進行互動交流的人數，遠遠多於那些一開始被告知演講者是冷漠的人的學生。結合此現象的其他研究中發現，「溫暖」的演講者容易讓人感到他是個慷慨、幽默、善良的人，而「冷漠」的演講者容易被別人認為是小氣、沒有幽默感、粗魯的人。

被貼上「成功」標籤後的結果

我們已經看到光是「溫暖」和「冷漠」兩個詞，就足以讓人們產生完全不同的先入為主印象，試想一下，成功與失敗、或強壯與弱小這兩對詞可能產生的效果。試問，為什麼有這麼多成功人士都非常樂意從政呢？明明他們之前獲得成功的領域和政治毫不相干。成功的演員、摔跤手、運動員，甚至太空人等，都比研究政府或城市的博士學者更容易獲得大家的選票。這就是「成功」這個特點在積極方面表現出來的作用。

不幸的是，「成功」也會對我們的印象產生強烈的負面作用。有些我們熟知的諺語，例如「艱難之路，唯勇者行」或者「永不言棄」等，都隱含著一些內隱指令。如果能看穿這些勵志諺語的思維脈絡，你就會明白為何將自己定義為勝利者或勇者的人，在遇到需要創造力的問題時都顯得束手無策，尤其是在面對需要「打破常規思考」或適應新環境的問題上。

如果你認為任何形式的放棄或者不願意去做都是意志不堅定的表現，那麼當你在改變多年的習慣時，如何保證這個行為是正確的呢？如果你很在意保持成功的形象，一旦表現出不確定或優柔寡斷，你就會對自己產生很大的懷疑。

一九九九年六月二十一日，《財星》雜誌的封面故事就講述了為何美國CEO們大多無法符合成功者的內隱人格理論。作者是管理學專家瑞姆．夏藍（Ram Charan）和傑夫瑞．柯文（Geoffrey Colvin），他們在文章標題提問：「CEO們是怎麼失敗的呢？」隨即用副標題回答：「CEO的失敗源於心理不夠強大」。具體來說，夏藍和柯文認為，缺乏「及時處理人際問題」的心理強度是導致CEO無作為的最主要原因。除此之外，大部分失敗的CEO都有過這樣的經歷：把某些人安排在重要職位上，但後來才意識到自己選擇錯誤，並且已經無法改變這個局面。「顯而易見的是，」作者寫道，「CEO們通常都知道有問題，他們內心的聲音在提醒自己，但是他們抑制住這種念頭。」有一位CEO告訴《財星》雜誌：「我感覺到它迫在眉睫，但我就是不想去處理它。」[12]

雖然夏藍和柯文的推論正確，但他們並沒有探索得出該結論的心理學基礎。為什麼一旦他們意識到自己所託非人，這些聰明且事業有成的CEO們都無力改正自己的錯誤呢？對心理學家來說，答案其實很簡單：CEO們對自己作為「成功領導者」

的內隱人格理論限制住他們。他們不願看到自己的過錯，心理上也無法承受這樣的改變，最終變得過於自我保護。

坦白來說，一旦成功出現變數，大部分人都無法改變自己的內隱人格理論，也無法與它背道而馳。成功人士都有輝煌的歷史來支撐他們在困境中堅持不懈，克服表面障礙，面對拒絕也毫不放棄。如果每次遇到挫折都備受打擊，也無法從貧窮一路走到富有。問題在於，（不考慮環境的話）「如果一開始不成功，就不斷地再次嘗試」這樣的觀念在人們的思想中越來越深入，也帶來更加嚴重的後果。去問問夏藍和柯文採訪過的人就知道了。

為何不願承認錯誤？

斯威爾．艾佛里（Sewell Avery）是蒙哥馬利沃德公司（Montgomery Ward & Co.）的前任CEO，作為一名成功的商業領袖，他卻無法在中途糾正自己的錯誤，是個非常典型的案例。[13] 當他把公司帶到零售業領先的地位後，艾佛里的管理層想要將業務擴展到郊區，但這個想法被他全盤否決。實際上，在一九四一年至一九五七年間，他都沒有開任何一間新店鋪。在他固執己見之際，西爾斯．羅巴克（Sears

Roebuck）已經用最快速度在郊區開起暢貨中心。結果呢？蒙哥馬利沃德在二〇〇〇年十二月宣布永久關閉旗下所有門市，而與此同時，西爾斯（Sears）、傑西潘尼百貨（JCPenney）、沃爾瑪（Walmart）等公司紛紛在郊區開設商場，賺得盆滿鉢滿。

心理學家把這種管理學上的問題稱為承諾續擴（Escalation of Commitment）。[14]用賭徒的話來說，艾佛里陷入一種「把活錢變成死錢」的模式裡，總以為「不斷的努力」就能翻本。雖然成功人士的承諾續擴蠻容易被理解的，但是帶來的後果通常都會很嚴重。儘管許多外在因素會讓承諾續擴的缺陷越來越明顯，然而內在因素才是根源：不願意承認失敗。

為了避免自己在承認錯誤後遭到嘲笑或羞辱，成功人士往往會透過兩種方式陷入承諾續擴之中：忽視或壓制反對意見，以及在心理扭曲這些批評的回饋。簡單來說，不管是讓反對者沉默，還是戴上有色眼鏡看人，很多成功人士都對正在面臨的災難警告視而不見或充耳不聞。

從一個旁觀者的角度來看，有兩件事讓承諾續擴變得令人迷惑：有這種問題的人，他們無法意識到自己的行為只能在短期內讓自己免於羞辱。實際上，固執地不承認錯誤，反而會讓人遭受長期的羞辱和譏笑。

另一方面，雖不免有些矛盾，但有證據顯示，及時承認錯誤對我們還是有好處的。羅伯特．古茲維塔（Roberto Goizueta）在接任可口可樂CEO後，曾經想把領先業界的飲料產品換成一種「新可樂」，但他遭到大量的抨擊，使自己的職涯差點面臨滅頂之災。他沒有固執地堅持自己的計畫，立即轉向宣傳「經典可樂」——即公司最原始的配方。

美國前總統約翰．甘迺迪也同樣勇於承認自己的弱點和錯誤。在經歷豬玀灣事件（Bay of Pigs）的糟糕表現後，他不僅立刻把責任都攬到自己身上，還公開為自己的錯誤決策向受害者道歉。甘迺迪從不為自己的失敗找外在原因（儘管這樣做很容易），也沒有以該事件中古巴共產主義者的威脅，來辯稱和證明他的行為是正當的。由於古茲維塔和甘迺迪的「反常」舉動，讓他們都十分受歡迎，人們對他們的肯定度也直線上升。[15]

表現出脆弱是一種羞辱嗎？

一九九一年，有一位名叫「唐」的人來找我，他是一家價值百萬美元的運輸企業CEO，他害怕工作壓力會要了他的命。第一次見面時，他的體重嚴重超重，看上去比實際年齡還要大十五歲。相對於他尋求心理治療的表面因素，我簡直無法相信當他談論到白手起家創業過程時的那份驕傲。他看起來並沒有在工作中受到折磨的跡象。我不知道他的生活樂趣為何會毀掉他的健康，所以我便讓他講講他生活的另一面——他的妻子。然後我才恍然大悟。

唐和妻子沒有孩子，他說這是他們自己的選擇。雖然唐堅持認為妻子——之前是選美比賽冠軍——是一位「非常傑出的女性」，但我總覺得他沒有把話說完整。當他多次提到妻子有多漂亮，參與了多少社會服務機構，是一個多麼棒的女主人時，我覺得我應該問問他的性生活。他馬上變得暴躁起來：「我想，我是來解決這裡的問題」，他指自己的腦袋，「看來他們說心理學家都這樣是真的，你們關注的都是另一回事。」

唐最終承認，婚前他算是個好色之徒，但「性只是我婚姻中很小的一部分。」然而由於各種原因，他娶了一名不願和他有過多性接觸的女性。更重要的是，很明顯這個問題正嚴重損害他的健康。

在幾次交談後，我逐漸了解到唐和妻子的關係有多糟糕：婚後大約六個月，他們才第一次同房。他們結婚已經超過十四年，但他們僅有的性生活（平均一個月還不到一次）都是在昏暗的房間中進行。事實上，他竟然不能看妻子的裸體。

當我說，這樣的生活很容易導致壓力症狀（恐慌和嗜糖）時，唐卻表示不同意：「你錯了。我對妻子的這個問題處理得很好，我每天下班回家路上都會去按摩店。我相信我比你認識的任何人的性行為次數都多；只是我需要為此付錢，而且當中還有一點風險。」當我知道他口中所謂的「風險」指的是什麼之後，我揭開他壓力的真正來源。事實上，在愛滋病被媒體報導而廣為人知後，他的恐慌症就開始發作了。一開始，媒體報導這種病毒只在男同性戀中傳播，唐就忽視自己習以為常的生活方式可能帶來的潛在威脅。然而，這個不實報導很快地就被破解，他開始擔心自己的健康。

唐陷入恐慌之中，因為他現在被困在一個兩難境地：一方面他已經確信無法和妻子維持正常性關係，另一方面持續和妓女們發生性接觸（他不喜歡用保險套），而這有可能使自己得愛滋病。但如果不再去那些按摩店，他又無法接受沒有性生活的日子，所以他一直在努力壓抑自己對妻子的怒火以及對染病的恐懼。

唐和我最終達成一致，他必須把妻子帶來，我們三人坐下一起談談他們性生活治療的可能性，否則他的心理問題是無法得到解決的。但是我錯了。當我告訴唐的妻子，唐的壓力是來自婚姻中的緊張關係而非工作時，她欣然接受了這個觀點。不幸的是，當她猜到我要將他們轉介去做兩性方面的治療時，她便先發制人：「如果你建議我調整自己的生活方式來滿足唐的慾望，那就算了吧。他對性的需求是他自己的問題。」說完，她便離開辦公室。

之後唐和我又談過兩次，但他無法站在我的角度看問題。問題的根本原因並不在於他對妻子的愛，而是他對於被羞辱的恐懼。「如果我的妻子發現我一直去按摩店，或者覺得我在逼她有性生活，她會離開我的。如果她離開我，可能會對全世界講我們的婚姻問題，我會變成整個社會的笑柄。」

令人難過的是，在唐停止來我這裡的諮詢五年後，我聽說他因嚴重的心臟病去世了。雖然我不能說他陷入無性婚姻的憤怒是導致心臟病的原因，但我可以確定的是，如果唐敢於承認妻子對性生活的拒絕使他十分痛苦，並且一心一意解決這個問題的話，他現在應該還活著。但很多像唐這樣的人在社會的影響下，都在盡力避免自己因為脆弱成為被羞辱的對象。在他們看來，承認這樣的事會帶給他們無法承受的心理痛苦。

歸屬感

導致唐死亡的情感因素，是我建議「男性要試著像女性般思考」的原因。具體來說，我建議男性拋棄對社會地位的顧慮，這些顧慮完全是建立在權勢而不是愛的基礎上，並且努力感受他人對自己的關心，建立良好的人際關係。儘管女性對人際歸屬感的需求經常被高成就的男性們輕視，但我還是想提出建議。對男性來說，「成功」不僅僅意味著被他人讚賞或關懷；還意味著擁有並控制那些可以支持商業權力的資源、以及贏得尊重。

女性在社會化過程中追求的歸屬感，與承諾續擴的適應不良狀況毫無關聯。蒙哥馬利沃德的前CEO斯威爾．艾佛里堅持自己的錯誤路線，只是因為他拒絕承認「潛在失敗可能會給他帶來痛苦」。類似的還有一些說法是，高階主管在遭受到承諾續擴的痛苦時，會表現出自己的負面情緒：任何反對他們決策的人都遭到嚴厲批評。

典型的成功人士不會向別人的需求屈服。他們的格言是：「我不會出問題的，我會把問題給他們。」這種態度以前紐約市長郭德華（Ed Koch）為代表（他也是說出這句話的人），表現出強烈的主導和控制慾。它不但表達不願投注情感，還暗示著接受這些情感的人都是弱者，特別是負面情感。大多數認同這種硬漢理論的男性都願意承認，感情上的痛苦會讓他們變得不那麼男人。但是誰說男性氣概和一個人的職業、業務，以及個人成功是相關的？日光公司前執行長「鏈鋸」艾爾・鄧列普也是這種想法，然而早就過時了；也許現在該重新思考「男子漢氣概」對成功的影響了。

敞開自己，面對批評帶來的痛苦或堅決維持一段不良關係，如果你還不確定這樣做到底有沒有價值，就來看一下我另一位病人的經歷。大衛不願承認自己的軟弱和對他人的依賴，最後，他成為我職業生涯中見過最沒有必要的自毀前程案例。

我在某次青年企業組織（Young Presidents' Organization, YPO）演講中認識了大衛。YPO和其他類似的組織一樣，旨在滿足超級成功人士對教育和社交情感的需求，他們會舉辦一些培訓，把各種資源分享給會員。在大衛參加的那次培訓裡，我演講的主題是關於成功的危害，這個主題簡直是為大衛量身打造。他坐在前排，提出很多問題，我一結束演講，他立刻跑上來（手裡還拿著名片）與我交談。

大衛抱怨的問題是，「我是那種痛恨無知的人」。在我們簡短的對話中，他兩次提到自己的標誌性台詞：「我這樣的人，如果周圍都是火雞，我怎麼才能像老鷹一樣翱翔呢？」我沒有正面回應他這番防禦性很強的言論（我的演講是關於成功如何讓很多人無法繼續正常工作，而大衛則對自己那不甚滿意的工作表達出百分百的責備），我告訴他如果他能學著積極表達和有建設性地解決衝突，那麼他一定有方法可以「飛得更高」。聽完此言後他感謝我，接過我的名片就跑掉了。我覺得以後可能不會再遇到他。

三年後大衛打電話給我，我感到十分驚訝，他希望我能做他的顧問，幫他管理他的會計公司，而他的公司狀況正以驚人的速度每況愈下。和許多創業者所遭受的痛苦一樣，大衛堅持反對將公司的控制權和幾位主要經理分享。而促使他聯絡我的事件是：他一直培養的接班人離職了，並帶走公司的幾個大客戶。

透過調查，我發現大多數員工對大衛都深懷憎恨。當我和大衛說起這件事時，他表示同意：「他們都對我的權威表示不滿。」事實上，大部分員工都認為，如果大衛不把控制權交給其他經理，他們都會選擇離職。

我建議大衛和公司中兩位最資深的成員組成一個三人領導小組。目的在於把「做決定的權力」擴大，同時將預算和資源等交給不同的領導小組成員負責。之前，公司大部分的資源都在那些握有大衛客戶的同事手裡，他們後台都比較硬，而資歷淺的同事手上都是比較新、或與網路相關的客戶。

大衛一開始接受了這個提議，並且承諾會修復和同事們的關係。然而悲劇仍舊發生，十個月後，他在公司的聖誕聚會上被羞辱了，由此他的好意也煙消雲散。一位在場的人透露，大衛與妻子當時正和公司管理層的人（以及他們的妻子）交談。有人提到這一年公司賺到驚人的利潤，一位高階主管的妻子說，「會有這樣的好成績，是因為我丈夫幫助大衛管理公司的結果，我丈夫是個天才。」

大衛的妻子轉向他，語帶諷刺地說：「親愛的，我和孩子在家裡做任何事都要按你的想法來，一旦不合你心意你就不開心，我簡直無法想像你對公司的事還要聽『約翰』和『保羅』的建議。」顯然，大衛從來沒有向妻子提過公司管理層變動的事。

大約兩週後，大衛打電話給我，問我是否能幫他說服約翰和保羅接受他的決定：解散三人領導小組。我告訴他如果這麼做的話，他們兩人會離開公司的。而大衛的回覆很經典：「看看，這是我的公司。他們不知道自己有多麼需要我，你也不知道我其實根本不需要他們。」

我提醒大衛，約翰和保羅的業績是他的兩倍，他說：「你沒有資格跟我說話。我根本不相信你的理論，說我是防禦性很強的人（我實際用的詞是反依賴，是『害怕需要別人』的醫學說法），而我根本不是。這個公司用的是我的名字，我在業界有知名度，而他們沒有。你被炒魷魚了，他們（髒話在此就不寫了）要麼就回到原位，要麼就離開我去死。」兩天後大衛向同事們宣布解散三人小組的消息，我認為可能是最後通牒，之後大衛就消失了。

大衛的自毀行為似乎是命中注定的。他很討厭自己的蘇格蘭父親，當他成為運動員的願望失敗後，父親責備他「不像個男人」。因為大衛無法在他父親那裡找到人生指導或情感支持，他最終成為一個進取心太強的人，類似於「如果你不能打敗他們，那就加入他們」。大衛（不自覺地）認為如果像父親一樣做事，用父親對待他的方法來對待這個世界，那麼他的情感就會少受些傷害。這就表示，他會用粗暴和冷酷的態度來取代自己對歸屬感的渴望。然而，事實是，以健康心態得到的自主權才能帶來安全感和自我滿足，而男子漢氣概通常與此相反，大衛的鐵石心腸注定了他的失敗。

我知道有個很好的例子可以解釋這種自欺欺人的想法，比較一下青少年時期，學習武術的男孩們和武術老師的差別。剛開始學習空手道時，孩子們在下課後還穿著訓練的整套裝備：忍者褲、有東方圖形和武術學校名字的外套，或是手上拿著武器。空手道老師離開道場時，一般只會穿著當季的便服。武術老師不需要公開表明他的能力好在社會上獲得安全感；他對自己的能力擁有發自內心的自信。大衛的例子證明了，當你偽裝自身力量時，你愚弄的是自己而非別人。

學習女性特點

如果說唐和大衛沒有處理好自己的脆弱情感，讓人覺得需要重新考量一下：在獲取成功的道路上，男子漢氣概有何作用，同時也要注意的是：不要反應過度。心理健康專家都一致同意，陽剛的特點在許多情況下還是比較有利的。更重要的是，任何個人特點太過極端都會變得危險。當女性支持她們的丈夫或管理團隊時，她們的特點之所以能發揮作用，是因為她們敢於承認自己的軟弱，而這是非常重要的。具體來說，女性會承認心理上的痛苦並尋求幫助。

這種行為就是人類學家瑪格麗特·米德說的，是女性長期在人際關係的訓練所產生的結果，當然了，女性因承認自己軟弱的行為也許會帶來短期的陣痛，但它往往會創造長期的利益。想要克服職涯成功後所帶來的壓力，這才是正確的方法。如果能適當地加以運用女性的特點：與他人保持互動聯繫，才是預防精疲力竭症最有效的方法之一。

女性的自我認同

女性自我認同過程中最有益的一個就是，她們在年紀尚小時，就已經有著非常強烈的人際敏感度、同情心以及合作精神。為了得到「性別角色認同」和「相對常態的異性戀角色認同」，女性一定會親近自己的母親，並且會在某段時間內，疏遠母親並把注意力轉移到父親身上。女性同時需要自主權和歸屬感，以獲得心理上的完整，而男性只需簡單地疏遠母親就可以滿足自我意識。[16]

是害怕成功？還是害怕成功帶來的痛苦？

如果你和不同性格的人共事過，就會發現，高效領導者身上幾乎都有一個性格特點：他們面對憂鬱時有女性的脆弱。然而，在我們文化中默認的成功領導者，是不該有敏感、同情心、合作等性格特徵，由於害怕被說成女性化或懦夫，很多人在擔任領導者職位後就把這些特點都拋棄了。

為何同一種女性性格特徵在某種情況下會加劇疾病，而另一種情況下會增加成功的可能性，想理解這一點的話，我們需要再次看看成功背後隱藏的含義。英國女演員茱麗・克莉絲蒂（Julie Christie）憑藉在電影《親愛的》（*Darling*）當中的優異表演拿下奧斯卡獎，她的發言是這樣說：

> 我覺得我不值得擁有這些成功。我現在感覺很羞恥，也很尷尬。如果要描述這種感覺的話——我感覺我的成功就像是流浪狗，一隻骯髒的小狗在圍著你轉，而你卻無法擺脫！這是一種如影隨形的恐懼，這種感覺無時無刻不在你身邊。我對所有人所有事都感到不舒服。[17]

「性別差異」對於成功的追求或定位究竟有什麼樣的作用，最廣泛採用的是一九六〇年代心理學家馬蒂娜・霍納（Matina Horner）的研究。[18]她認為，像茱麗・克莉絲蒂一樣，女性通常對於「有競爭力的奮鬥過程」，尤其是對勝利的展望，會感到比較焦慮。很多追隨霍納的研究都認為，人可以分為「渴望成功」和「害怕失敗」兩類（以往都是按性別區分）。但一九七〇年代的觀點則顯示，對女性來說，變得雄心勃勃會激發矛盾：成功並不是女性化的。霍納這樣描述女性對成功的恐懼：「對大部分女性來說，在充滿競爭的環境中獲取成就感，尤其是跟男性競爭而取得成功，會給她們產生一定的負面影響，例如社會排斥，被認為沒有女人味。」[19]

現代社會對女性心理的研究卻表達出完全不同的觀點。對霍納的資料再次分析發現，女性的「成功焦慮」僅存在於零和的競爭中：即一方得益會引起另一方遭受相應損失。[20]這麼說來，女性化的世界觀反而是種美德，當她們的成功同時能造成雙贏時，與男性相比，女性就不再迴避成功。

心理分析學家愛利克．艾瑞克森（Erik Erikson）指出，男性的認同感是從盡可能掌控世界的關係中所形成的，而女性的認同感是在和他人的親密關係中產生的。[21]這看起來令人有些疑惑，尤其是女性在職業生涯剛開始時，給自己的定位會比較多變；在早期的成功中，很多都是來自於「在逆境中尋找自我追求」。但考慮到隨之產生的控制慾、自主權和疏遠，如果成功的男性在四十歲時還沒有任何心理問題，簡直是奇蹟了。成功男士的特點似乎就是不需要歸屬感。相反地，女性需要在人際交往中工作，打造自己的社交圈，而且樂於承認自己情感上的問題。

發展心理學的研究顯示，女孩的成長往往不是為了增加掌控力，而是為了能更好地表達她們的恐懼。男孩們則往往被鼓勵要控制自己的恐懼和負面情緒，例如否認或逃離這些情緒。[22]如果美式足球教練文斯．隆巴迪（Vince Lombardi）在帶領綠灣包裝工隊比賽前，討論自己的焦慮情緒，那他們還能在蘭堡的冰冷草皮上取得冠軍嗎？顯然不能。然而在一個人的職業生涯中，如果長期無法將這些所謂的女性化情緒表達出來，可能會付出巨大的代價。

痛苦需要陪伴，你需要嗎？

作家普布里烏斯．西魯斯（Publilius Syrus）是羅馬奴隸，他在西元前四十二至西元前一年中創作了幾百句格言，根據《巴特列名人語錄辭典》（*Bartlett's Familiar Quotations*）記載，他是第一位寫出以下內容的人：「對不愉快的人來說，如果有人陪他一起遭受痛苦，那麼對他來說是一種安慰。」除此之外，他甚至寫到：「社會的苦難對全人類來說都是一種安慰。」在比佛利山莊的心理治療所接受諮商治療，要價每小時三百美元，而在心理學得到尊重的兩千多年前，這位羅馬人就能給出這樣的心理建議，我個人認為非常了不起。不幸的是，大多成功人士寧願花錢去診所，也不願多看一眼西魯斯的名言。

克瑞斯．阿吉里斯（Chris Argyris）從哈佛的商學院和教育學院研究所畢業，他把職業生涯的大部分精力都用來研究：當優秀的人走上領導位置後，為何他們反而抗拒接受再教育。[23]阿吉里斯的研究證明，聰明的老狗堅決反對學習新把戲。他認為這種抗拒的根源來自於人類的四種基本價值觀：⑴保持控制力；⑵將「勝利」最大化，將「失敗」最小化；⑶壓抑負面情緒；⑷盡可能表現出理智冷靜。

正如阿吉里斯所說：「以上這些價值觀的目的都是在盡力避免尷尬、威脅、脆弱或無能。從這個角度來看，大部分人的行為都是帶有強烈的防禦意識。這種防禦性的理由，讓人們不願意把自己行為的前因後果開誠布公，避免陷入完全獨立或客觀的境地。」[24]換句話說，阿吉里斯找到了造成承諾續擴的價值觀理論，也可以解釋：為何大部分失敗的高階主管都受困於所謂的男子漢氣概。

阿吉里斯沒有討論這四種基本需求中的性別差異關係，但我發現男性符合這個傾向的要比女性多得多。按理說，經歷精疲力竭症的人通常有成功的經歷，這讓他們對於失敗帶來的後果顯得無所適從。所以他關於失敗人士的內隱人格理論，變成是在對比像是快樂、軟弱、愚蠢等的特徵。

由於女性長期以來已經習慣在失敗或是簡單的失望中經歷負面情緒，所以相較於成功的男性來說，她們更為熟悉兩個事實：⑴人並不會因為犯一點小錯而死；⑵在痛苦時尋求陪伴是很好的辦法。經歷過成功的女性都知道，從很深的心理層面來講，並不是只有失敗者才會感受到心碎的痛苦。根據對霍納資料的重新定義，同情並不會讓女性更容易失敗或進行自我懲罰，無論面對的是成功還是失敗，同情只會讓她們產生更廣泛的思考。

已經有不少研究證明，社會的支持有益精神健康。其中一項研究關注的是男性和女性面對壓力的不同表現，研究發現，當發生事情時，尤其是與工作無關的內容，男性的處理方式（例如一廂情願）遠不如「向他人求助」來得有效，而女性就是會向人求援。[25]此外，當女性管理者感受到來自上級、同事、朋友和家人的支持時，她們會更有幹勁地解決問題，並得到心理上的滿足，而這是缺乏人際網絡的男性比較少有的。

心理歸屬感能幫助人們面對生活中的壓力，女性對親密關係的重視也會幫助她們獲取更多社會支持，鑑於這樣的優勢，不禁讓人想再次提出這個問題：為什麼男性無法像女性一樣思考呢？或者，為什麼成功的男性不能藉由他人的經驗解決自己的問題呢？

答案並不簡單，但我想，可以從之前關於自我設限行為的研究中得到一些答案。當時最大的發現在於，只有男性會持續為潛在的失敗尋求責任外在化。根據阿吉里斯教授的說法，這種傾向有幾種長期且有害的後果：

簡單來說，由於很多職場人士的生涯幾乎都是成功的，他們很少有機會體驗到失敗。但也正是由於很少能體驗到失敗，他們無法從失敗中學到東西……當他們解決問題的策略錯誤時，他們會變得很有防禦性，過濾掉對自己的批評，將責任推給除了自己以外的每個人。總結來說，他們的學習能力在最需要的時候，派不上用場。[26]

我發現自我設限的人，以及那些為了避免羞辱而被沉重負擔壓垮的人，他們都會自然地認為，負面的結果（失敗）是無法改變的，只能迴避或者在忍耐中克服。長此以往，他們做任何事都會把責任推給除了自己以外的人身上。

管理學家們，例如阿吉里斯，以及大部分心理醫生，例如珍．貝克．米勒，他們都認為，想要矯正這種錯誤的思考方式，唯一辦法就是教育。對此我表示贊同；職場上的人們要知道，像約翰．甘迺迪和羅伯特．古茲維塔這樣成功的人，在他們承認自己的錯誤後，都得到了社會的尊重和支持。這是唯一可以幫助解決此問題的方法，卻是學校很難教授的課。

然而，當越來越多的女性高階主管透過「尋求社會支持」等方法來超越同職位的男性時，才會讓我們對於「如何才能成功」的刻板印象產生重大影響。然後，最聰明的男性就會模仿這些女性的行為，完備他們自己關於成功人士的內隱人格理論，同時透過調整工作路徑，在沒有心理負擔的前提下，提升自己獲得長期成功的機會。

另一個用來突顯女性管理模式價值的教育副產品，就是強調女性撫育能力的價值。為了區別男性追求速戰速決的成功模式跟女性培育方式的差異，我以不同方式種植松樹所得到的報酬來做說明。

第一種方式是大家最熟悉的，在林場中種樹。惠好公司（Weyerhaeuser）是靠這個方法成為《財星》五百大企業。感恩節之後正是聖誕樹銷售旺季，甚至連小型的樹農都會把樹齡三到六年的樹送過去林場，因為他們可以透過這種方式大賺一筆。然而，這並不是最賺錢的方法。

第二種方法是取單棵的松樹苗，將它雕刻成一棵歷經風吹雨打、百年老樹的樣子，再將它置於花盆中使它無法長高。這樣的盆栽樹，不僅是可供欣賞的藝術品，還可能價值數萬美元。

年輕的男性創業者，其實都和在林場上種樹一樣：盡最大努力做出市場上最高品質的產品，並將生產環節盡可能的自動化，滿足客戶需求，以此賺取巨額利潤。而女性的做法比較類似盆栽，尤其是當她們有足夠的物質資本自給自足時。做盆景的人會知道，如果能使一個產品具有永久的生命，並且能夠使其他人的生命永遠增值，那她不僅是一個成功者，更是一個傳奇。

第六章

追求成功，謹防走火入魔

如果你還處於青澀時期，那你就還在成長。如果你成熟了，那就快腐爛了。

——雷．克羅克（Ray Kroc）

戰爭停止，一切都結束了，武器在那裡生鏽，而不是在陽光下戰鬥，這是多麼無聊啊！

——阿爾佛洛伊德．丁尼生爵士（Alfred ,Lord Tennyson）

《尤利西斯》（*Ulysses*）

為了解決精疲力竭症的矛盾——已經實現或有能力實現自己物質目標的人，結果卻得了心理憂鬱——我們有必要來了解這種問題的歷史。這個分析有兩個值得注意的地方：(1)精疲力竭症的背後有什麼文化基因？(2)明明有大量的相反案例，為什麼各個年齡層的人仍堅定不移地相信：成功的職涯能給一個人的生活帶來巨大的好處？

成功是靠實力得到的？還是靠知名度？

就算你之前還在懷疑，是否大部分的人都願意為成功付出一切代價，讀過二〇〇〇年五月十六日的《紐約時報》後，我相信你會打消一切懷疑。相隔僅十一頁的兩篇文章，讓我們明白原來成功的聚光燈是多麼容易令人迷失。

第一個故事是一九九五年的一個驚人事件，當時成為全美的頭條新聞：來自伊利諾伊州庫克郡史坦明茲高中的一位教師和幾名學生，偷走了該州學術十項競賽的試題並解出答案，順利在比賽中獲得勝利。他們竊取了冠軍，但他們的行為最終還是被發現，榮譽隨之被剝奪。二〇〇〇年五月的《紐約時報》講述了這群人重聚在一起，一同慶祝HBO電視台根據他們的故事改編成電影《益智風雲》（*Cheaters*）。

你是否會想，這次聚會是對之前那次糟糕行為的紀念，可能氣氛會比較沉重。再猜猜看？根據《紐約時報》的描述，此次聚會是一次徹頭徹尾的慶祝，沒有一絲悔意。最令人震驚的是，學生們對他們當年所作所為的反應。「要向誰道歉？」其中一名學生毫不在意地說，「我會再做一次的。」而另一名作弊者也說：「這不是歷史上第一次作弊，也不會是最後一次。」[1]

第二個是關於籃球教練鮑勃．奈特（Bob Knight）的故事，當時正在討論是否讓他繼續擔任印第安納大學男籃隊主教練，儘管有調查指出，這位教練有「長期的非正常行為」，包括對球員、裁判、記者和工作人員等的言語羞辱和肢體攻擊，憤怒時甚至會砸壞學校設施。大學校長邁爾斯．布蘭德（Myles Brand）認為，「事情本身還不至於到要開除的地步」，並稱教練是個「真性情」的人。[2]

《紐約時報》專欄作家哈維．阿拉頓（Harvey Araton）表示，校長的決定是出於以下考慮，雖然教練要為自己糟糕的行為負責，但他已經三次帶領球隊獲得全美冠軍，「在這種時候，無辜的學生和教職員的安全和福祉，都比不上下一次潛在的得獎可能。」[3]他說的沒錯，甚至有先見之明，不過教練奈特最後還是在二〇〇〇年九月被解雇，原因是他對一個嘲笑他的十九歲大一新生動粗。阿拉頓作為一名經驗豐富的記者，他當時的評論被很多人認為太天真。一個對體育界如此熟悉的人，怎麼會不盡全力支持一個冠軍教練呢？阿拉頓有沒有意識到：對於學校來說，球隊是何等大事！他是否還記得，就在幾個月前，亞特蘭大勇士隊的王牌投手約翰．洛克（John Rocker）也有不當言行被曝光，但最後也不了了之了？

事實上，比起學校對鮑勃．奈特的無動於衷，勇士隊對於洛克事件的回應可能讓人感覺更不道德。你覺得在《運動畫刊》（*Sports Illustrated*）曝光這件事以前，勇士隊的老板會不知道洛克的事嗎？你又要如何解釋，直到職棒大聯盟宣判之前，他們都一直忽視自家明星球員的不正當行為？只因為你能扔出球速一百五十公里的快速球，行為準則就可以和那些不如你優秀的運動員不同嗎？李奧娜．赫姆斯莉（Leona

Helmsley）自稱是房地產企業帝國的女王，她是重罪犯，也是旅館老板，我想當她說「只有少數人會繳稅」時可能有點口誤，她想說的應該是「只有少數人會為自己的罪行付出代價」。

對鮑勃．奈特和約翰．洛克的特殊對待，以及史坦明茲高中「作弊者」們的態度，都強調了美國社會的一個基本事實：我們不僅沉迷於賺取金錢和名利，還崇拜做到這些的人。「成功」對我們的吸引力已經對整個社會的心態造成巨大影響，它蒙蔽我們的雙眼，使我們只看到表面的成功，而忽視這些不誠實的人用非法行為換來的財富、地位和名利。可以看看以下這個例子是如何影響公正的審判程序。

當電影製片人羅伯特．伊凡斯（Robert Evans）因古柯鹼濫用被定罪時，給他的處罰是為青少年反毒做一個宣傳節目。當好萊塢電影業巨擘大衛．貝格爾曼（David Begelman）懇求法官不要追究他盜用哥倫比亞公司資金的事時，他被允許繼續接受精神治療。

將以上的宣判結果和威廉．詹姆士．拉梅爾（William James Rummel）所受的審判對比一下，他由於三項非暴力犯罪的罪名被捕，付出了二萬三千美元的罰款以及終身監禁（最高法院的判決結果）。[4]

社會歷史學家芭芭拉・高史密斯（Barbara Goldsmith）注意到，在美國社會中，有些人奮鬥只求「結果」，他們不再將獲得勝利或成就當作成功的過程，而僅僅只是追求聚光燈下的感覺。身上貼著成功的標籤已經成為閱歷豐富的必備條件，它取代了自尊的增長、對成就的驕傲以及心理的滿足。如果你能吸引到大批的攝影記者，《人物》雜誌刊登你的照片，並且引來人們議論紛紛，大家不會在意你是和開槍傷害你妻子的未成年妓女有性關係，還是和美國總統發生性關係。當你成為人們茶餘飯後閒聊的話題時，你就紅了。

高史密斯用了「人造名人」這個詞來形容這些人，他們把成功看做是爐子上滋滋作響的牛排：「在我們的價值觀中，這些人造名人頻繁出現，只因為他們名氣夠響，而不是因為他們的內在。」[5]這個結論引發出一個問題：為何人們都會被成功蒙蔽雙眼？心理學原理中有一個理論可以解釋這個現象，叫作「單純曝光效應」（mere exposure effects）。[6]

每個資深廣告人或者政治宣傳專家都知道，人們會傾向於「喜歡他們反覆接觸到的內容」。即使我們只是被動接觸，但這個命題依然成立。很多品牌的標識反覆出現在我們身邊——例如可口可樂、Nike著名的「鈎子」標誌、右邊缺一口的彩色蘋果——它們大量地出現在我們眼前，而出於某些現在尚不清楚的原因，我們潛意識裡就會認為這個產品是值錢的或很優秀的。

更糟糕的是，在如今快節奏的社會中，人們每天都受到成千上萬的訊息轟炸，也就更容易透過單純曝光來製造名人效應。隨之產生的後果是，我們敬重的這些名人，他們不再是從一般理解的專長、競爭力、天賦等來獲得人們的關注，是透過在公眾面前反覆曝光才讓大家留下印象，而我們都已逐漸習慣了這樣的現象。

成功成為新的精神信仰

美國整個社會對成功的關注，對它能改變世界的堅信，不僅僅是因為先人們透過成功獲得了物質財富、社會曝光度、名望和地位。雖然這些被當成偶像的成功人士近來已有走下神壇之勢，但他們的事蹟對社會文化的很多方面都有潛在影響。

大約一百年以前，美國哲學家威廉・詹姆士（William James）在一九〇六年九月十一日寫給小說家威爾斯（H.G. Wells）的一封信中說：「道德上的軟弱來自於對發財的盲目崇拜。那給成功一詞賦予了骯髒的金錢解釋——是我們民族的疾病。」[7]詹姆士想說明的是，美國的精神遺產是如何導致「給成功賦予了骯髒的金錢解釋」、以及成功為什麼能給我們帶來心理滿足感。我們或許可以說，成功漸漸在我們的生活中扮演了重要角色，成為我們的精神信仰。如此說來，給成功賦予崇高全能者地位的信仰體系，才是造成很多人心理失衡的根本原因。

在形成我們社會文化的各種理論中，儘管有所爭議，但基督教的自力更生工作倫理是影響力最大的。它強調努力工作和自我犧牲是獲得精神提升的手段。信奉這一理論的人堅決反對單純為賺錢而賺錢。富蘭克林在《窮查理年鑑》一書中質問說：「貪得無厭和快樂是完全無關的兩件事，怎麼能將它們相提並論呢？」然而，確實有不少人還是認為，貪得無厭和快樂相關。基督教的自力更生工作倫理與清教徒的忍耐苦難，都困惑了許多有組織的宗教：聖禮從那些曾被認為是神聖的事物中分離開來。因為基督教的生活方式要比深根已久的道德規範更容易遵循，宗教的儀式容易使人對公義的理解感到模糊。讓我們回到問題的根本，我們應該知道，有價值的工作是為自己而做，不是為了外在的回報（例如金錢等）而做。

根據加爾文派學者科頓・馬瑟（Cotton Mather）的觀點，金錢的內在價值不過只是顯示出哪些人是上帝的選民。實際上，馬瑟不太看重財富，他更看重每個基督徒在信仰中的兩個呼召：第一個，是一般呼召，服事耶穌基督。第二個，是個人呼召，即個人需求像是就業，用以區別出一個人在所處之地的能力效用。在他的個人呼召中——我們稱之為職業——馬瑟堅持認為每一位好基督徒都應該透過工作做有益他人的事來榮耀神。除非身患殘疾，否則一個沒有工作的人，對家庭、社區，甚至國家沒有任何貢獻，會被認為是不公義的。[8]馬瑟在他的著作中寫出自己的觀點，人類變成「社會人」：「一個人可能透過他的工作變得富裕，但個人的提升與自然界整體的改善、有用的藝術和知識的進步，都有著附帶關係。」[9]

但是，加爾文教徒對預定論的理解扭曲了馬瑟和清教徒的觀點。根據預定論的說法，上帝已經事先決定好誰會上天堂、誰會去地獄。理論上來說，人們認為上帝會庇護「特選子民」（即被選定者）的成就，這些上帝選民們在世時，祂會提供他們物質上的奢侈。由這個推論可以輕易得知：物質財富被視為是「上帝恩寵的證明」。而人性就是如此，有些人對於只是等待「上帝恩寵的證明」並不滿足。

從破曉開始，所有人類就開始擔憂死後的命運。學者們認為，很多教徒對於這個奧秘採用了更巧妙、甚至不完整的方式來解釋：若他們致力於創造可賺錢的商業投資，就能知道自己是否是上帝恩典的接受者。也許你會嘲笑這樣的觀點：「死時擁有最多玩具的人，就贏了。」但這明顯在清教徒的信仰中根深蒂固了。

馬克斯・韋伯（Max Weber）在他經典的社會學著作《新教倫理與資本主義精神》（*The Protestant Ethic and the Spirit of Capitalism*）中討論了基督教的信仰理論如何轉變成資本主義哲學。[10] 我無法評判韋伯的分析，但若因此認為他主張教徒的工作倫理道德已轉變，導致我們在累積金錢的過程和實現救贖的目標之間有了幾乎完全的分歧，這樣論斷他的理論並不公平。

韋伯認為，比起透過勤勞、自律、節制、鄙視放縱等習慣來達到更接近上帝的目標，資本主義社會更沉迷於鞏固財富或利潤的手段。美國人全神貫注地追求得到更高的生活水準，這催生了不少病理，像是以地位為導向的消費主義。清教徒的精神目標是滿足，但在手段和目標兩者並列中迷失了。基督教提供信仰意義的能力也同樣遺失了。事實是，當教徒的信仰原則被轉變為競爭性資本主義的世俗化準則的同時，就已播下了對社會幻滅的種子。

為何追求成功，而非祈禱？

從公平合理的角度來看，原本信奉清教主義的人後來受資本主義勾引，這樣的態度轉變並不難理解。班傑明・富蘭克林有些言簡意賅的格言，例如「時間就是金錢」和「上帝只救自救者」之類，原本意在強調工作在心理層面的重要性，但很快變成督促人們趕快工作的勸告。怎麼理解富蘭克林的這句話：「只仰賴希望維生之人，將因斷糧而亡。」這就是清教徒們漸漸開始相信，上帝會給那些不顧一切追求成功的人更多偏愛。任何精神正常的人在看到富蘭克林的話：「如果起晚了，那麼一天都會在忙碌中度過。」都會思考，難道休息就沒有任何價值了嗎？

事實上，社會對於生產力的執著已經越來越致命。想想在這章開頭引用雷・克羅克的話。雷・克羅克還在世的時候，他的成功哲學張貼在每一家麥當勞的標誌上。從克羅克的角度來看，「老年」等同於惡臭、腐敗的東西！受其影響，很多美國人為了薪水而努力工作，他們認為，如果自己不埋頭苦幹，就會像農場裡的廢柴一樣慢慢腐敗掉。

早在雷・克羅克成為美國人民的偶像之前，阿爾佛洛伊德・丁尼生爵士的詩《尤利西斯》就揭示出，曾經英勇的征服者，當他們失去了對英雄和利益的追求後，會承受到心理痛苦。他的比喻意義深遠：武器沒有擦亮而在生鏽，與此相對的是在陽光下的英勇戰鬥。讀懂了尤利西斯的厭倦感後，怎能不想到議員鮑勃．杜爾（Bob Dole）服用威而鋼的情況，因為他已無法再從不斷的政治鬥爭中恢復活力？丁尼生字面上的暗示，簡單解釋就是：如果你沒有像尤利西斯在圍攻特洛伊城時那樣成功，你就再也不能停止。當你的「武器」不再有用，你相當於已經死去了，下這樣的結論是否太突然呢？

強烈的個人主義

在哲學家威廉．詹姆士提出「道德上的軟弱」來自對「發財」的盲目崇拜觀點後，克里斯多夫．拉許在他的經典著作《自戀的文化》（*The Culture of Narcissism*）中把上述觀點與現代心理學結合起來。他對美國文化的態度和價值觀持一貫的負面態度，他認為，靠個人奮鬥而獲得成功的人是典型美國夢的表現，因為基督教自力更生的工作倫理立基在個人的積極上，這為社會創造了靈活流動的條件。[11]

個性、自主、獨立，以及對成功的追求，都加快了人們在獨立或自我導向的職業中尋求自己的價值（馬瑟關於個人呼召的概念）。這種對事業的熱愛有許多意義，它成為個性的要素，取代了血統、信仰關係，以及所有其他的鑑別數據，這成為了在歷史上推斷和設計「我們是誰」的基礎。

拉許的分析認為，清教主義變得越來越趨於世俗哲學更甚於其原本的宗教意識型態，教會已經失去力量幫助人們尋找生命意義。如同拉許指出的，當我們崇拜征服西部荒原的英雄或改變商業世界的企業家時，這些當代英雄已經背離社會，轉向個人的職涯發展，在此之中才能獲得精神滿足。人們逐漸相信，個人成就感是他們心理安寧所依賴的，自力更生的人變成獨立自主的人，朝著為了社會利益而做事的道路慢慢地且穩固地走去。

自給自足者的宣言

雖然富蘭克林擅於表達如何嚴守清教美德，但他無法強迫其他宗派與之同步。有人說，如果科頓．馬瑟和班傑明．富蘭克林坐在同一條哲學船上，馬瑟是一直在向著永恆幸福的岸邊划槳，而富蘭克林卻只享受著財富能帶給他的悠閒。[12]從這點來看，富蘭克林反映出他那個時代的貴族觀點：美德是財富帶來的。

在英國社會學家哈羅德·拉斯基（Harold Laski）看來，富蘭克林是美國精神的最高象徵，因為他透過自己的各種努力從而獲得成功：「正如每一個善良仁慈的人所希望，他用自己的精明、睿智和奉獻，讓世界變得更好，富蘭克林是典型美國人眼中的好公民。」[13]羅素·B·奈（Russel B. Nye）是班傑明·富蘭克林自傳的編輯，他也認同這個觀點。儘管富蘭克林的確在累積財富，但他並沒有把商業看得很重，這樣的「小勞小累」，既不能使他感到興奮，也不能提起他的興趣。實際上，如果他選擇把自己幾樣有商業價值的發明（例如他的電爐或者雙焦鏡片）申請專利並市場化，那他可能已經變成為世上最富有的人之一。但相反地，他選擇在四十二歲退休，沒有工作負擔，過著樸素的生活。奈在書中寫：

（富蘭克林）需要金錢是因為金錢能夠令他如自己所願過著獨立、有保障的生活。他想要的是「自由自在地閱讀、學習、做實驗，和其他有才華的人交換想法，分享他們的友誼和知識，這樣的話才有機會創造出對整個人類有益的東西」……相對於金錢，他對知識更感興趣。他不希望人們提到他時就想到金錢，正如「窮查理」所說的，「他並不是擁有財富，而是財富擁有他」。[14]

然而富蘭克林的話卻無可避免地和美國式成功連結在一起。儘管富蘭克林從未把金錢或地位看得很重，但眾人卻將他看作成功的榜樣。

當富蘭克林寫自傳時，只是想把自己賺錢的方式分享給更多人，包括在編寫窮理查格言時，他也講述了自己從「貧窮到富足的奮鬥史」。[15]富蘭克林就是霍瑞修・愛爾傑筆下從未真正描寫過的愛爾傑式英雄。在愛爾傑的每一個故事中，英雄幾乎都不會依靠上帝的力量脫離貧窮走向富裕。只有一部小說的主角，少年小提琴手菲爾（Phil the Fiddler），是真正意義上的幸運兒：在一個寒冷的聖誕夜，因疲憊掉入雪堆後，他被一名富有的物理學家救起，而物理學家的獨生子正是在四年前的聖誕夜去世的。於是菲爾被收養，從此過著富裕的生活。[16]

但富蘭克林不是這樣。剛開始工作時，他是一個努力工作的商人，發明很多至今還十分有用的東西，建立大學，之後還成為美國憲法的奠基人，做過駐法國大使。他是一名受過良好教育的貴族，會把錢用在對他而言有意義的地方。富蘭克林堅持古老的美好生活概念——至善，並且堅持亞里斯多德（Aristotle）在《尼各馬科倫理學》（*Nicomachean Ethics*）中對快樂的定義：與完美品德相一致的積極思想鍛鍊。[17]

這麼看來是不是會覺得很奇怪呢，僅僅在一百多年後，這位曾經是美國式成功的代表，並一直堅持思考的人，怎會輕而易舉地被那些人造名人所取代？儘管富蘭克林用財富讓自己獲取快樂的行為的確反映出一些對商業的不屑，但他公開宣稱的目標是：可以讓自己自由地思考。當我們已經無法確定為何美國人以「對名人和自戀的沉迷」來取代富蘭克林對美好生活的定義時，我們似乎已經往這方向跨出一大步：對金錢的熱愛已經取代對成就的熱愛。

根據克里斯多夫・拉許的觀點，在鍍金年代之前的幾年中，透過努力獲得自我提升的理念，已經轉化成強迫勤奮工作的風氣：價值，最初是從精神層中分離出來的，現在又從工作中分離出來。既然「做事的過程」遠不及「最後得到的利益」來得重要，於是金錢成為美國式成功的要義。從那時起，美國人就無法再靜下心來接受《窮查理年鑑》中謙卑的內容。取而代之的是，馬戲團經紀人費尼爾司・泰勒・巴納姆（P.T. Barnum）的演講「賺錢的藝術」，為處在世紀之交的美國提供了可供參考的格言。很快地，類似的作品例如拿破崙・希爾（Napoleon Hill）的著作《思考致富》（*Think and Grow Rich*）引導人們在這方面更加放縱。拉許特別提及由此產生的一些問題：

以前，基督教的理念是擁有獨立的自我價值。儘管它們在十九世紀下半葉變得功利，但成功本身還維持著社會道德感，意在為人類的舒適與進步做出貢獻。而如今成功就像是對自己權利的終結，打敗競爭對手只為滿足自己的虛榮心。[18]

在上述內容中沒有明說的是，若把成功看作一種結束的話，人們將永遠不會滿足勝利、把勝利作為自我肯定的源泉。拉許描述的是「依靠他人」來維持自己自尊的人，對他們來說，沒有對比的勝利毫無意義。實際上，自戀的特徵就是：讓他人承認自己華而不實的形象，來克服個人的焦慮和不安全感。

強烈的個人主義者，他們會透過奮鬥將自己的生活從一無所有變成符合自己的規劃，自戀的人卻只在腦中思考他的成就。美國夢從剛開始的無限可能，到如今在公眾讚譽下，已逐漸淪為自我沉迷了。

第七章

擁抱挑戰、創新和改變

輝煌的人生不是透過技巧得來的。你無法一步登天，也不能靠簡單幾個步驟或按照卓越人士的教條得到。能否贏得輝煌人生，取決於你能否以最佳狀態應對人生中一個又一個突發事件。

——愛比克泰德（Epictetus）

你不應專注於風險，而應該專注於結果。做好分內的工作比冒險要重要得多。

——查克．葉格（Chuck Yeager）

自從愛比克泰德成為人類百態的研究專家後，像美國空軍准將查克．葉格之類的英雄人物，以及其他研究過成功人士經歷的學者都認為：戰勝危險和威脅是獲取成功的基本條件。希臘歷史學家希羅多德（Herodotus）認為，「偉大的成就通常伴隨著巨大的風險」。印度前總理賈瓦哈拉爾．尼赫魯（Jawaharlal Nehru）也說過，「過於小心翼翼就是最大的風險」。

愛比克泰德之所以對於幫助人們獲得「輝煌人生」這一事業充滿興趣，其中有一個非常私人的原因。他出身於一個羅馬奴隸家庭，但最終在政壇上得到很高成就，還成為斯多葛派（Stoic）哲學的一代宗師。他的成功道路可說是班傑明．富蘭克林式成功的原型：在獲得自由之後，愛比克泰德一生都嚴於律己。他從未苛求環境的給予，所以對那些不願直接面對生活困難的人也嗤之以鼻。

我認為愛比克泰德的名言展現出他的哲學精神以及認知行為治療法的精髓。認知行為治療法是心理學的一個支派，它透過幫助病人調節對壓力刺激的反應來治療精神問題。研究發現，一個害怕公開演講的人，他恐懼的原因是，他認為如果自己的演講得不到持續的掌聲，就代表演講失敗。認知行為療法是透過調整患者對成功的評價標準，從而使其觀點更加符合實際。愛比克泰德說得更直接。他認為，「人類煩惱並非來自於具體的事件，而是來自於對這些事件的判斷和看法」。

逃避風險

愛比克泰德認為，人們對事物的看法會直接且深刻地影響其情緒反應和行為。同樣，他認為所有人都應該知難而上、迎接挑戰。不幸的是，在這個方面，愛比克泰德有些目光短淺了。

成功導致的最具破壞力的結果是，它改變了人們對行為需求的看法。幾乎每一個精疲力竭症患者都認為，繼續對他們的能力進行評價的話，會危及自己透過成功獲得的物質、自尊和從人際交往中的回報。因此，在獲得成功之後，很多職場人士都拒絕嘗試具有建設性的變化，心理學家稱之為「風險厭惡症」（risk aversion）。

在我們的成長過程中，隨著年齡增長和人生階段的變化，難免都會產生厭惡風險的心理，但是這種自然產生的風險厭惡心理與成功導致的風險厭惡症完全不同。社會心理學家有一個未經證實的理論：年輕人與年長者對風險的態度完全不同。年輕時，當我們面對挑戰，我們的典型態度是「猶豫會錯失良機」。但人到中年後，想法會逐漸轉變成「傻子才會不顧一切」或「三思而後行」等等。

由成功引發的風險厭惡症，會導致精疲力竭症狀的多發，例如：自我設限、安可焦慮、企業縱火犯和喚起更多激烈的情緒。成功導致的風險厭惡症通常被描述為一種停滯不前的恐懼——不僅害怕嘗試新事物，而且由於心理代償失調，對其他事也無法做到積極主動。

吉姆今年三十九歲，是一家大型電子遊戲製造廠商的銷售副總裁，公司的人力資源總監介紹他到我這裡接受治療。根據這位人事高階主管描述，自從公司領導者把吉姆拔擢到管理層後，他似乎就無法和其他人一起正常工作。在擔任新職位的三個月中，吉姆不斷利用職務之便來中傷他的下屬，並宣稱「他們沒有能力從事新的挑戰性工作」。據稱，幾位副總裁都投訴吉姆私藏了公司的策略、市場指標、銷售預測等資料，不與同事共享。據調查，吉姆的用意是，防止下屬在部門間的策略計畫制定會議中做出有建設性的貢獻。

在我與吉姆的初次見面中，我就感覺到那些流言蜚語可能都是真的。吉姆不願意分享訊息的原因在於，他不願暴露自己的能力無法勝任這份工作。吉姆既不願處理，也沒有和同事分享公司的策略計畫資料，因為他覺得自己沒有能力參與其中。當我告訴吉姆其他人對他的看法時，他笑了。「私藏資料！他們可以在我辦公室找到所有的報告和表格。我很高興有人因為我在這個職位而感到害怕。」

當我對吉姆有了進一步的了解後，我逐漸找到他恐懼的原因。吉姆和公司的CEO都是首批義大利裔移民，雖然聽起來有點不可思議，但很多人都認為吉姆之所以能升到高階管理層，是因為他和CEO來自相同的種族。當吉姆開始和我做諮詢後，事情變得更誇張。在公司的一次決策會議上，吉姆幾乎無法正確表達自己的觀點，因為吉姆還沒有習慣單獨做出決定。於是，CEO請COO去指導吉姆工作。吉姆不僅有了一位工作上的教練，而且他直接彙報的上級成為了幫他融入新職位的老師！

吉姆之所以願意接受我的幫忙，並讓我指導他掌握一套擺脫風險厭惡症的技巧，主要原因在於，他內心還是渴望做好這份主管工作。他擁有紐約大學史登商學院MBA文憑，父親和姐姐都是家鄉重要企業的CEO。從吉姆的成長經歷來看，他一生都在準備做一名領導者。因此，根據愛比克泰德的理論，我提醒他，阻礙他的是「他自認為自己的升職是不公正的」。當我說服吉姆相信CEO晉升他是因為賞識他的才智，他不應該再糾結此事，機會就在眼前，是把握住還是放棄都取決於他自己。吉姆開始重新審視「自己成為一個騙子」的恐懼，準備像個男人一樣面對挑戰，儘管這需要一段時間過程。

我能夠幫助吉姆的第二個、也是最關鍵的原因是，他有一個不為人知的理想。在他還是小男孩時，就夢想著讓家族的葡萄酒產業像嘉露酒莊（Gallo）那樣有名。吉姆和妻子都是葡萄酒行家，他們喜歡去納帕或索諾瑪的葡萄酒莊園度假，他們約定，當賺夠了錢就退休，買下一個酒莊，回歸平靜的鄉村生活。

在了解吉姆的退休計畫後，我能比較容易幫助他面對「自己配不上目前職位」的恐懼。我沒有勸說他一定要戰勝困難，而是告訴他，就算最後失敗了，其實他也非常幸運。這種方法叫作「矛盾意向法」（paradoxical intention），經常能發揮意想不到的效果。不到五個月，吉姆就重拾信心，暫時擱置退休計畫。

根據克里斯多夫．拉許和其他社會學家的理論，吉姆並不是典型的美國式工作者。因為我們總是高估職涯成功的表面價值，要讓已經取得成功的人相信，失敗有時也是一個不錯的選擇，並沒有什麼說服力。對絕大部分美國人來說，成功的職涯是他們看待自己和他人的全部標準，而且非常明顯，他們的心理滿足感決定於自己維持這種成就的能力。即便有些成功者非常自信，確定自己的成就不是運氣使然也不是靠欺騙取得，但是有時難免害怕，如果不小心謹慎的保護，他們的成功也難以維持。

信奉「我的職業＝我的人生」的人，遲早有一天會感到強烈的脆弱感：如果在心理上對工作過於重視，那麼一旦在職場遭遇失敗，後果要比失敗本身更嚴重。打個比方，這種想法就是你把所有代表自尊的雞蛋放進一個叫職業的籃子裡，一旦滑倒或摔倒，你的餘生就會像矮胖子（Humpty-Dumpty）那樣永遠無法站起來。因此，執迷於「我的職業＝我的人生」的人，更容易把職業面臨的挑戰、創新和改變，看作是對成功現狀的威脅。

連續挑戰：從良性刺激到倍感威脅

要緩解由風險厭惡症導致的精疲力竭症狀，可以從生活中嘗試新的行為開始做起。這是一個十分複雜的過程，充滿很多不可測的因素，但它也是唯一有效的辦法。

挑戰、創新和改變都遵循一個自然法則：物極必反。呼吸是一個典型的例子。我們都本能地吸入氧氣，如果我們不能自然地呼吸，就會造成可怕的後果。過多的氧氣會造成中毒或死亡，而氧氣不足也會致命。

同樣的，感覺中樞對於不同程度的刺激也會出現完全不同的反應。之前在討論壓力和良性壓力（激勵）時，我們認為人類需要來自外部的刺激，但這種需求並不是持續的。當我們適應一種程度的刺激後，我們通常會需要更深層次的刺激，或者更新奇的刺激，來讓自己感到舒適或滿足。還記得樂事洋芋片的電視廣告嗎，「試試看你能只吃一片嗎？」這句話講到關鍵之處：我們需要更多不斷地有回報的刺激……但只能維持一個相當有限的時間。如果整整一年吃的零食都是樂事洋芋片的話，可能再看到它就會反胃。

挑戰、創新和改變以類似的方式影響著一個人的職業生涯：我們確實需要上述三種刺激，但其中任何一種過多的話都會扼殺成功的可能。然而，我們對於新鮮行為刺激的需求總量總是難以被準確控制。不僅是因為這種外界的刺激是靠旁觀者的眼睛來感知，而且，當旁觀者是一名內行人時，才能被準確感知到。

大部分職業對刺激的承受度都在不斷提升，幾乎每個職業的起步都是學徒模式，這時自主的責任感是有限的。職業發展的下一步就會承擔更多的自主機會。隨著時間推移，成功的工作者通常會變得更有創造力，更具自我引導能力。最終，他們會到達一個新階段，一方面是對壓力或者是刺激的需求，另一方面是希望控制局面，並且盡量使自己遠離失敗的困境，這兩方面最終要達到一種良好的平衡狀態。要達到平衡狀態，你需要不斷做出抉擇，因為職業生涯每天都存在變數。

我將這種抉擇稱之為「金髮女孩的進退兩難」（the Goldilocks dilemma）：是繼續從事駕輕就熟的工作，但毫無挑戰性（由於刺激程度不夠，容易使人感到挫敗感和無聊）；還是接受新的挑戰，有可能會很棘手，也有可能會傷害你的自尊；還有第三條路，即尋找出能把你從前面兩種選擇中解脫出來的方法，因為那兩種選擇都不是你想要的。

如何幫助人們解決這個「金髮女孩的進退兩難」問題？你也許會說：可以把工作

中面臨的挑戰調整到一個恰到好處的情況。這種回答就如同，當有人問你怎樣才能登上聖母峰，你回答一步一腳印往前走，敲幾個岩釘，再順勢向上爬就可以了，這種回答正確卻毫無用處。當想要從一個理想狀態轉變到一種處處面臨挑戰的生活中時，人們通常會很難適應。因此，如果一個人不被事先告知、充分理解這種變化，並且採取行動來對付這些挑戰，那麼他很快就會把這種挑戰視作對自尊的挑戰。

下頁圖表是葉克斯（R. M. Yerkes）和杜德遜（J. D. Dodson）在一九〇八年製作的圖表，呈現出動機和表現之間的關係，證明了上述的現象。[1]

根據目前大家熟知的葉杜二氏法則（Yerkes-Dodson law），透過激勵、壓力、需求等方式對一個人進行外部刺激，通常會不斷改善他的行為，最終達到最理想的狀態。然而，當超過這個最理想狀態的臨界點之後，再加強激勵的話，就會適得其反，使得行為水準持續下降，以至於工作或表現的結果惡化。

圖表中的「挑戰—威脅曲線」詳細說明了兩者間的關係。正向的工作挑戰將激勵人們不斷地投身其中。當挑戰不斷增強，人們在成功完成工作後，心理上的滿足感將會隨之增加。但是，當正向的挑戰不斷增加，超過最理想狀態，或者說負面的激勵不斷增加時，過多的激勵將會帶來焦慮的感覺。當行為的結果無法讓人們為自己帶來信

挑戰—威脅曲線

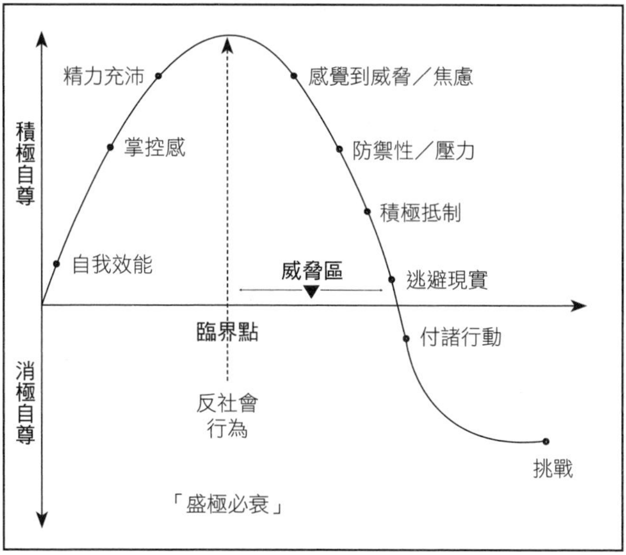

心和良好的自我感覺時，這種行為產生的心理結果就不再是滿足感，而是對自己苛求的痛苦。

上述原因證明，人們在面對一項工作時，選擇接受還是逃避的關鍵點在於：這項工作會給自己帶來什麼樣的自我價值感。如果一個人認為參與某項工作會給他帶來自我滿足和肯定，他就會接受；反之就會逃避。不過，人類的思考過程不像實驗室的小白鼠那麼簡單，所以一個人在成功後是否會繼續迎接挑戰，會受到很多其他因素給影響。

研究顯示，在以下三種條件的環境中，人們的表現欲通常會比較強：(1)認為自己有責任去爭取成功；(2)知道自己的行為會很快得到回饋；(3)行為帶點風險或帶來的結果並不一定是成功的。[2]如湯瑪斯．愛德華．勞倫斯（T. E. Lawrence）所言，「在確定的成功中無法體會到成就感」。這也說明了，難度不足的挑戰和太具威脅的挑戰一樣讓人煩惱。

一帆風順帶來的煩惱

滑雪者的例子可以完整說明成功對一個人的激勵作用。一開始，滑雪的目標是順利地滑過初學者雪道，盡量不摔跤。當有些進步，不再那麼容易受傷之後，新手們會給自己加一些良性壓力，試著去滑更難一點的坡道。滑雪者會從一開始的初學者坡道，到中等難度的坡道，再到高難度坡道，甚至到高級道的黑鑽石坡道（難以下滑的陡坡）等。一旦征服一種坡道，它對滑雪者來說就是一種成功，除非在這個坡道另加一些難度，例如不用滑雪桿或單板滑雪等。

我們假設一個滑雪者，他在瑞士阿爾卑斯山發現世界上最難征服的地點，這個坡道對他來說有不小的難度，但同時又不會太陡或者有太多鋒利的冰，也不會有很多巨石擋道造成生命危險，那麼他在征服這條坡道之後呢？一個可以滑過最艱難坡道的滑雪者發現，後面的挑戰更加艱難，因為它不只來自於地理環境本身，更多的是來自於害怕自己挫敗後會蒙受恥辱。這與勝利之後的成功者所面臨的情況相同。

與滑雪者從初學者坡道到瑞士伯爾尼雪道的過程類似，一帆風順的成功會帶來以下三種糟糕的情況：(1)被壓力壓得透不過氣來；(2)透過自我設限的方式來為失敗尋找外部藉口；(3)逃避行為的預期效果。在這幾種情況下，都會毀損人的自我評價，並影響其行為效果。

綜上所述，我們可以充分理解人們在解決進退兩難問題時的心理機制：事情並非單純的行為需求，而是人們自己陷入在一個「威脅論的惡性循環」中，擔心若無法征服這件事情，將會帶來其他的負面影響。誠然，「鼓勵人們不斷接受挑戰」的理論有其合理之處，但很多人依然堅信，逃避「可能使自己蒙羞的挑戰」是可取的。然而，只因為「選擇原地待命」看起來要比「迎接有潛在威脅的挑戰」更為理智，所以，才會有相當多的成功人士被困在表面風光、實際卻痛苦不堪的職涯瓶頸中。

考慮到二十一世紀的人們將有可能工作到七十歲，這種思維方式會帶來更大的問題。後果是，處在刺激不足的職業瓶頸期的人，會更傾向於虛度之後的三十年或更久的日子，除非他們能在每次成功之後找到接受更大挑戰的動機。

那麼，處於這種境地的人要如何找到合適的工作呢？首先，要理解造成進退兩難焦慮的原因。問題不在於「我應該做什麼才能給生活帶來多一些的良性壓力」，而在於「是什麼導致我無法離開這個讓自己感到倦怠的困境」。以下三個技巧可以幫助解答這個問題。

把創新和改變融入生活的三個技巧

1. 搞清楚你到底害怕什麼

對未知感到恐懼很常見，也是最具破壞性的。當人們試圖逃避的時候，大腦便會開始肆無忌憚地想像。前幾年，我在過四十五歲生日後，決定應該定期做體檢。麻薩諸塞綜合醫院的約翰・格迪醫生（Dr. John Godine）為我做全身健康檢查，還抽了很多血，說要做幾項化驗。

大約一週後，在週五下午，格迪醫生留言給我：「你好，我是格迪醫生。請回電給我，我想和你討論一下血液檢查的情況。」在我收到留言後，醫生就開始休長達三天的假。直到第二週的週二，我才與醫生見到面，這三天對我來說無比漫長，我瘋狂地猜測自己可能得的病。聽到我的描述，格迪醫生笑得合不攏嘴，他其實只想告訴我血液檢查結果一切正常。那時我還不太了解他，不知道他喜歡和病人面對面交流，我固執地認為他犯了錯，覺得他只需在留言後面加上「一切正常」幾個字便可免去我的擔憂，然而這樣做並不是他的風格。

很多精疲力竭症患者會被自己心中似是而非的矛盾困擾。這種困擾緊緊抓住他們，導致了這樣的結果：即便精疲力竭症狀已經嚴重影響他們的健康，他們也不願意尋求治療。我在工作中治療過數十位問題兒童，他們經常因為話語和行為不符合父母期待而惹怒父母，自己卻不以為然；還有許多風流成性的男人，他們對來自配偶的憤怒和責罵全然無動於衷。當這些人說起他們因此一再受到「處罰」時，表現得有如禪宗般的寧靜。毫無疑問，這是典型的皮洛士復仇，當事人的心理機制被稱為「附加的好處」（secondary gain），就是人在陷入痛苦關係時，藉此來免責或得到額外支持，讓自己能有一定程度的掌控。

因此，從單純的功能性角度來看，進行皮洛士復仇的人，表面上看起來是弄巧成拙，但也可以看成是他們在行動中有很強的適應力。一旦意識到有糟糕的結果要出現，他們就會透過自己的方式去克服，或者盡自己所能將痛苦減到最小。精神病學和其他理論結合，證實了如果懲罰性的後果已被預見，那麼這種後果的痛苦比事情發生時帶來的痛苦要大得多。換言之，讓「糟糕的結果」早點出現，去面對這個為自己預備的「命運」並且做好因應準備，會比被動地等待懲罰的降臨要好得多。[3]

當我們全面分析風險厭惡症後，可以很清楚地看到，處於進退兩難地步的人，通常會在腦海中設想很多失敗的後果，他們之所以這麼做是因為他們並沒有親身體驗過失敗。他們對失敗後果的焦慮多來自於道聽塗說，正如我當時看到醫生的電話留言後猜測自己的病症一樣，這些焦慮帶來的痛苦，遠比一次、兩次、三次失敗所帶來的痛苦更嚴重。

所有成功人士都該意識到，如果終將改變生活方式，就不如儘早改變，不要等到四十五歲或者五十歲，因為到了這個年齡，一個人的適應會大大降低。趁著年輕，即便遇到糟糕透頂的事情，總會有辦法克服。在如今的職場中，改變並不意味著孤注一擲。職場對人才的需求旺盛，失業率長期保持低水準，很多職場人士可以把全部精力的七五%投入主業中，剩下二五%投入副業，並且保持穩定的人際關係。在二十一世紀，越來越多的人都有機會嘗試公益性的工作或與眾不同的職業，它們具有兩種特點：有很強的新鮮感和挑戰性；被工作所困的人也可以藉機測試，倘若真沒了這份工作，自己是否真的會挨餓。

史考特・亞當斯（Scott Adams）就是透過這種方式獲得成功的著名人士。在創作出《呆伯特》（*Dilbert*）系列漫畫之前，他一直是加州太平洋貝爾電信公司的基層員工，有十幾個上司，他在那裡工作了九年，在最後的六年裡，幾乎所有經理都知道他有一個副業——構思和創作漫畫。

一九九五年六月三十日，如同成千上萬個被公司裁員的員工一樣，亞當斯也遇到成功路上的最大打擊——失業。然而，如果他沒有這樣一個堅持多年的副業，他轉行成為漫畫家的過程就會艱辛得多。[4]

2. 放棄改頭換面的念頭，試著從另一個角度看待自己

患有精疲力竭症的人，總是試圖徹底治癒出現在職業上的所有症狀，事實上，這是不可能完成的任務。因為時間已經太遲了。更現實的目標應該是控制並減少病症，如果症狀是由性格原因造成的，例如皮洛士復仇或自我放棄般的酗酒，這種人是沒有辦法改變自己對職業價值、成功需求抑或是失敗後果的看法。但是透過努力，這些人可以把自己對成功的理解控制在正常範圍內。我之前的一個病人彼得就是這種情況。

和很多成功的高階主管一樣，彼得是被妻子拖來見我的。他的父親是一位非常傑

出但十分吹毛求疵的人，彼得成長在這樣的環境中，一直都想要證明他並不是父親口中的傻瓜。結果，彼得不斷地追逐著一個又一個的成功，無法從自己的自戀傷害中擺脫，根本無法停下腳步想一想，自己為什麼總是被聲名所累。

彼得曾經想當職業軍人，但在成為海軍軍官後，他放棄了這個想法，打算回到波士頓自立門戶，不想讓自己的事業與父親再有牽連。作為一個生來就有企業家頭腦的聰明人，彼得在休閒體育用品產業打出一片天，開了一家暢貨零售店，並在五年內擴展到三家。

彼得的妻子是非常虔誠的教徒，他們是在一個教會活動中認識的。隨著公司業務的增長，他的妻子卻於此時向法庭訴請離婚。多年來，妻子一直為這個家庭默默付出，照顧四個女兒，其中有兩個還處於青春期，讓她無暇顧及自己的藝術事業。她的律師建議說，也許接受心理治療要比在法庭上針鋒相對好一些，至少可以做最後的努力。所以，這對夫婦就來找我了。

和許多成功人士一樣，彼得並沒有意識到成功對自己的吸引力有多大。「我會做給你看！」彼得認為自己已經十分富有，又真心愛他的妻子，所以可以考慮賣掉自己的公司，專心照顧家庭，輕鬆退休。他認為這樣就能讓妻子滿意：「她想讓我和家人一起共度週末，參與教會活動，自從開了公司，我就幾乎很少參加教會活動；她還希望我多陪陪她，沒問題的。」我（委婉地）告訴彼得，這只是他的幻想，而他的妻子也同意我的看法。不出我所料，彼得立即提出抗議：「相信我，這個情況在我控制之中。我不會為了事業犧牲家庭的。」

後來，我又與彼得夫婦談過兩次，我告訴他事業並不是困擾他的主要原因，急切想要證明父親對他的錯誤評價才是。彼得回到教會，還和孩子一起踢足球，但一年後他們還是離婚了。

到底發生了什麼呢？十八個月後，彼得再次到我這裡接受心理治療，他告訴我：「我自己完全沒有意識到，我重回教會後，不明白他們的管理怎麼會如此混亂。」當時，彼得很快地成為了教會執事，實際上相當於一個龐大組織的營運長。儘管他自己沒有意識到，但父親對他的嚴厲苛責在潛意識中影響著他，於是，對成功的追求又再次主宰了他的選擇。

彼得也意識到這一點，他幽默地說，「對信仰的虔誠」讓他認識到自己性格上的特點。他理解到導致自己成為工作狂的原因，並下定決心不再讓它影響自己的第二段婚姻（在回來找我的前一個月他剛舉行過婚禮）。我則告訴他：「彼得，佛洛伊德說過，『性格即命運』。我們看看你是不是能調節好，而不是全部推倒重來。」

我們大多數人其實都和彼得的情況相似，只是情況有輕有重，我們都會不自覺地去實現少年時的願望，而它在我們五六歲之前就已經於性格中定型。在彼得完成了心理治療後，他接受了自己這種追求成功的性格，並學習判斷這一性格中哪些部分是正常的，哪些部分是反常的，從而來調整自己的行為。

實際上，彼得實踐了愛比克泰德的理論：換一個角度看那些讓我們不愉快的事。根據現代精神病學的觀點，彼得是在重新「觀察自我」（observing ego）——與自身保持較遠的心理距離，以便能夠觀察審視自己的行為和意圖。在這個過程中，他學會接受自己的缺陷；儘管對「第二好」的情況還是感到不滿，但他已經試著接受來自第二任妻子的愛和支持。彼得並未「完全打破」自己的性格特點。他所做的只是換個角度看待自己，並在人生中首次體會到心理的滿足感。

3. 進行多元化的心理訓練

千百萬年前，世界尚未形成時，就有說法認為男人來自火星，女人來自金星。已婚的夫婦都知道，俗話說得好，改變是生活的調味劑。即使夫妻在感情一開始時都對性抱有極大熱情，但也不得不承認，時間久了，再激情的火焰也會熄滅。具體來說，這種慾望的減退並不是某一方的錯：人們會對大部分的刺激逐漸習慣，包括伴侶和夫妻間的性愛。

研究婚姻關係的心理學家把一夫一妻制中的性激情發展軌跡稱為硬幣法則（the penny principle）：在結婚的第一年，每發生一次性關係就在罐子裡放入一枚一分硬幣，在之後的婚姻生活中，每發生一次關係可以取出一枚硬幣，最終會發現硬幣是有剩餘的。諸如此類的發現令一些人類學家覺得，一夫一妻制是違反自然規律的。

幸運的是，夫妻可以透過去國外度假，在新的環境中發生性關係，或是玩一些臥室小遊戲來維持婚姻的新鮮感。那麼職場人士是不是也能透過類似的方式為早已習慣的工作加一點刺激呢？如果他們願意透過以下兩種非單一模式來改變自己的工作方式，答案當然是肯定的：(1)盆栽藝術；(2)長期多樣化。

盆栽藝術

第五章中提到把職業發展看作製造盆景而非種植聖誕樹的優勢。培養一棵既漂亮又值錢的樹，用這種價值觀來比喻預防精疲力竭症的職業生涯十分貼切。就像盆栽師傳為樹修剪造型一樣，為了把握修整職業生涯的機會，首先需要打點基礎。盆栽藝術的意義之一在於，它與盆栽技藝不同，它可以讓後續的生活變得充滿意義而且不再令人感到倦怠。

每一名職場人士遲早都要承受類似樹被盆栽園丁放進小花盆裡的命運：它的根會遇到阻礙；對樹根來說這個花盆太小了，甚至影響它繼續存活。為了讓盆栽的樹——就說黑松樹好了，它甚至可以長到九至十公尺高——能夠在花盆中存活，你必須每隔一段時間去修剪它的樹根，並經常換盆。

職場人士就好比盆栽樹木：有的人被困在金手銬或者薛西弗斯的地獄中，為了讓這些有天賦、有才華的人從職業倦怠或憂鬱中解脫出來，你必須定期把他從長期存在的環境中移出，並放置在一個新環境內。然而盆栽師傅知道，不能只是把樹根觸壁的樹移到大一點的花盆中，花盆尺寸要符合盆栽藝術的審美；面對職場人士遇到的觸壁問題，必須根據個人實際情況綜合考慮。更直接地說，為職業生涯增加挑戰性也是要看機會而定。人們在面對精疲力竭的症狀時，最大的錯誤之一就是忽視自己的直覺，然而所有事情不能一概而論。隨著時間推移，不少公司高層的人往往錯誤地認為，任何回報都能帶來心理上的滿足感。

幾年前我任職於紐約一家規模約有六百五十人的法律事務所，我幫他們處理員工流動的問題。那時，不僅僅是他們，包括整個美國的法律事務所，就算員工工作得很開心，公司也會為他們制定職業發展計畫，然而仍然無法阻止員工們跳槽到網路公司，哪怕只是去做全職的行政工作。一位好心又天真的管理者身處在穩定的團隊中，他認為聖誕節時給年輕員工發放現金獎金的方式太老套，決定在當年聖誕節發給每人八千至一萬五千美元不等（根據職位不同）的聖誕旅遊獎勵。這個做法原本意在激發員工鬥志，但卻遭到了一致的反對。

以下幾項是該公司職員的狀況，不過這位好心辦壞事的管理者沒有考慮到：

- 很多員工都需要還大學或法學院的教育貸款，家裡還有孩子要撫養。他們對現金的需求遠高於休息和放鬆。
- 大部分員工都是獨自撫養孩子，沒有長輩幫忙照顧。旅遊假期時要如何安置孩子，這對他們來說比工作更頭疼。
- 大約一〇%的員工是同性戀。因為旅遊獎勵需要去公司合作的旅行社兌換——旅行社幫他們辦機票住宿等需要真實姓名——這些員工擔心萬一自己的資料洩露，別人就會知道他們的性取向。

- 至少有三%的員工準備離婚，或是有一些婚外情。同樣地，他們也擔心這些消息會曝光。
- 所有的員工都表示，自己太忙了，沒時間安排旅遊。

所以，無論是對一個公司或單人進行「移盆」工程，要記住的是，一定要搞清楚對象的特點，否則物質獎勵帶來的心理回報會降低。

幸運的是，很多企業都開始嘗試做一些「移盆」的努力，並且已經開始影響所有美國的人力資源部門。管理學專家克里斯多夫・巴特利（Christopher Bartlett）和蘇曼特拉・戈夏爾（Sumantra Ghoshal）證實，聯合利華（Unilever）作為一個跨國大企業，在公司內實施的「移盆」計畫頗有成效。根據巴特利和戈夏爾所言，「根據一些公司的成功經驗，幫助管理者發掘新的潛能，摒棄陳舊思維模式的最有效方法是，讓他們體驗新的工作職位。讓部分高階主管在不同職責、不同業務、不同地域、甚至不同國家進行輪調，管理層的潛力會被不斷發掘出來，適應性也不斷地提升。」[5]

如今，很多善於管理的ＩＴ企業對成功完成專案的員工和經理表達祝賀與讚美的方式很特別，而且富有洞察力：他們把這些員工調離原先的部門或公司。作為工作出眾的獎勵，這些職場人士開始新的征途，準備在新職務上複製他們先前的成功。

這種簡單且奏效的「移盆」方法，證明了即使一個人的天賦和技術都很優秀，他們仍然需要精心的培養和指導。而單純的金錢報酬無法做到這一點。唯一能刺激大腦的只有挑戰。如果你知道下次的成功會來自於一個新奇的挑戰，並感覺到這個挑戰可以在自己的掌控中，那麼你就能像《小金髮與三隻熊》（*Goldilocks and the Three Bears*）故事裡的金髮女孩，只需簡單告訴廚師粥要怎麼做，然後等著上菜就行了。

我並不是說金錢完全無用。只是，在其他條件都平等的情況下，定期為員工「移盆」，防止其「觸壁」，肯定比單純的金錢獎勵要好得多。

其實，你不一定非要在《財星》五百大公司工作才能獲得「移盆」待遇。事實上，如果你從事自由業，就更能切身體會到「盆栽移盆」模型的優勢。畢卡索在他的職業生涯中，讓自己從許多方面來進行「移盆」，並得到非常好的結果。畢卡索不僅把自己的繪畫風格從現實主義轉換到立體主義，作畫的媒材也時刻在變化。

這位大師可以同時進行幾項不同的創作。在他的工作室中，分散地放有油畫、線條畫、拼貼和雕塑等等，而且每個作品都處於不同的進度中，畢卡索會按自己的心情去進行創作。

透過在不同的作品中轉換，畢卡索做的要比「預防觸壁」更多；他有策略地保護了自己的自尊，例如，他的作品《格爾尼卡》受到評論家們嚴厲的批評。此時畢卡索自我安慰：「我不僅僅是個油畫畫家，還是一名雕塑家。」畢卡索維護自尊的方法就是不把雞蛋放在同個籃子裡，由此分散自己對藝術的追求。同時他也拓寬了自己的認知，長期以來，便建立了多元且抗壓的自尊。

長期多樣化

這是一種拓展職業空間的方法，範圍比畢卡索的還要更廣泛。長期多樣化的主要理論根據是基於以下原則：如果一個人的自尊能透過多方面得到積極回饋，那麼在面對創新和改變時，心理會變得更加堅強，不會害怕失敗，也不會那麼脆弱。有多樣選擇的職場人士，他的自信如同建立在穩固的三角支架上；而把象徵自尊的雞蛋放進同一個籃子裡的人，他的自信建立在一個單腳架上，相對來說並不穩定。

如果成功人士願意重新定義他們的職業規劃，就可以為自信建一個合適的「三腳架」。打個比方說，職業生涯一帆風順的人很難逃脫進退兩難的困境，因為習以為常的成功無法提供良性刺激，反而存有難以捉摸的威脅。

人們保持長期多樣化的動力是：渴望新事物，就是對新事物的貪婪。如果你是一個只畫肖像畫的畫家，要你對新事物有所渴望，可能會比畢卡索更困難。如果你把精力分散到不同的面向，而不是只追求單一職業的高度，那麼你的自信就有了更寬闊的穩定支架。

要克服重新規劃職業目標所產生的焦慮，首先就是要理解，你的職業生涯是可以重組的，就像調整投資組合一樣。從心理學角度來看，要記住的是，你是一個具有完整人格的人，而不僅是由原子組成的聚合物，畢竟一個整體的人是大於構成他的各個部分的簡單相加。就像一個漂亮的手鐲，當組成它的各個小零件互相輝映，整個手鐲就會變得更加可愛。同理，人們經常錯誤地認為自己的性格特徵是由以下等式組成：「智商＋情商」或「情商＋愛孩子＋喜歡小狗＋很厲害的反手擊球」＝凱茜。凱茜的網球搭檔看到的是她的反手技巧，她的職場同事們看到她的智商＋情商，她的丈夫希望與她組成家庭是因為她喜歡小孩和狗。每個方面看起來都是被需求的。

由此看來，人和成千上萬塊馬賽克拼成的圖很類似，從遠處看，似乎就是一個整體。但如果近距離仔細觀察，每一小片都是獨立的。人也是一樣，從不同角度看，就會有不同的結論。

要形成「整體」的概念，就要深刻理解到：「整體」能夠比單獨的部分產生更大能量。因此，每次你重新定義自己時——這裡加一點很久沒用到的才能，那裡去掉一點不合適的行為（並非性格特點）——一個全新的你就形成了。

我來解釋一下格式塔學派又稱完形心理學（Gestalt psychology）的整體概念：回憶一下紐約時代廣場的巨大螢幕，你看到的字是由靜態、閃爍的燈泡組成。你的大腦把這些燈泡的組合整理成整體的形態，大腦就是這樣工作的。因此，成千上萬個單個燈泡連續不斷閃爍的效果，就形成了一個語言訊息，這就是完形：1＋1＝3。

那你呢？你對自己怎麼理解？難道你只把自己看成是一個經理？如果是這樣的話，試著改變一個細節來調整整體的方向，例如養貓、做翻譯人員（關於管理學或企業哲學）、與他人做更多溝通交流，諸如此類。在現在的時代，每本商業雜誌都會刊登關於如何重塑自我的文章，上述的方法聽起來不免有些老套，但事實是，只有當你能以整體角度看待自己，而不是專注部分以至於迷失自我，才能更坦然面對工作中的挑戰、創新和改變。重塑自我是不可能的，重新認知自己意味著「要接受現狀並擴展自身的格局」。

人們在職場中經常透過以下方式重新認知、規劃自己的才能和職業發展：他們審視自己的知識面（沒錯，也包括興趣愛好），自己的管理能力、溝通能力、銷售能力以及策略規劃能力等，然後就像一個飢腸轆轆的人來到自助餐廳，將這些內容盡可能地融合在一起。每位成功人士，至少都能把產業知識和溝通能力結合起來，方能勝任這一行的指導或諮詢類工作。銷售能力＋策略規劃能力＝天才經紀人或說客。如果你繼續研究，還有無限可能。

我們可以看看庫爾斯（Coors）啤酒在二〇〇〇年春季執行的廣告策略。為了展示他們的產品是獨一無二的，他們找來一些創新高手來代言。其中一個比較受歡迎的廣告，是請到體育節目主持人阿馬·拉夏德（Ahmad Rashad）飾演格里·費雪（Gary Fisher）——山地自行車發明者。在廣告中，費雪從十段變速自行車上取下齒輪系統，裝在傳統的自行車上，這樣他就可以騎過崎嶇的地面。他為什麼不買一輛山地自行車呢？因為當時還沒有發明出來。

這就是整體概念邏輯在現實中的一個應用。你也可以做這種嘗試，這有助於你把自尊的支點建立在穩固的多腳支架上，只要你願意重新包裝或重組自己的職業生涯，就像調整投資組合一樣。為了減少重新審視和規劃過程中的焦慮感，我有以下幾個建議：

1. **放鬆**。你是在重新規劃你的能力，而不是重塑自我、脫胎換骨。雖然很多專家倡導「重塑職業」，但這是不可能的，事實上這種觀點是錯誤的。每個人都有與生俱來的性格特徵，例如害羞（或者說內向）和自來熟（或者說外向）。如果你是個內向的人，你可能需要克服社交恐懼，但你不一定要成為派對的風雲人物。同理，外向的人不適合去做圖書館管理員。然而，如果你外向而富有控制慾，卻從事靠體力的工作，你會容易擔心自己的才能被消磨殆盡，就像傑西．溫圖拉（Jesse Ventura）。前明尼蘇達州州長溫圖拉似乎一生中都在重新規劃自我：從一名捕獵海豹的水手（需要力量和勇氣），到職業摔跤手（需要力量和社交能力），到政治家（需要社交能力和情商），再到XFL電視的評論員（需要名人效應和大膽言論）。溫圖拉一直在不斷規劃自己的職業，挖掘自己的才能，每一個階段都至少以一點個人固有的才能為依託，溫圖拉從來沒有試圖完全重塑自我。

2. **主動控制**。正如前文所說，如果事情的發展在我們掌控之中，做起來就會駕輕就熟。不僅如此，無數研究都顯示，失去控制或無助感是崩潰的前兆。[6] 如果你自己決定重新規劃時間和地點，你將會在很多方面受益：不僅在心理上做好準備去面對風險帶來的壓力，而且，你身上散發出來的自信氣息能使你更容易獲得別人的幫助，從而更容易獲得成功。俗話說「沒有什麼能像成功一樣成功」，在沒有自我疑惑的情況下，我們會表現得更好。焦慮會使我們去擔憂那些有的沒的危機。在職場中總是去擔心那些「萬一」會削弱你的鬥志，增加失敗的可能。在進行職業重新規劃時要自己把握好步調和節奏，而不是在收到解雇通知或陷入財務混亂境地時才被動應對，只有如此你才能更好地面對未來。

3. **迎接壞消息**。在重新規劃職業時，不要盲目樂觀。樂觀並非不可取，但盲目樂觀會讓人看不到困難所在。在一九九〇年代後期，安迪・葛洛夫（Andy Grove）以及藍斯・阿姆斯壯（Lance Armstrong）與癌症病魔奮戰的經歷引起大家的關注。這兩人都知道成功的機率不大，但他們都堅持不放棄，最終都成功了。最重要的是，當葛洛夫和阿姆斯壯都準備好要與癌症奮戰時，他們都承認危險或者說冒險的存在。然而當他們準備好迎接——既不是拒絕也不逃避——眼前的問題時，他們都比預想做得好。迎接壞消息並不代表你要想像所有負面情況會產生的後果；持續焦慮的思考甚至比盲目樂觀更糟糕，而且它會是災難性的。但只要了解你的敵人，做好戰鬥計畫，並對可能的後果做好心理準備，結果往往是可控的。

4. **別忘了，還有一種壓力叫作良性壓力**。當一個人對機會感到興奮時，身體內的生物反應其實和他面臨壓力環境產生的憂慮是一樣的。當你決定要重新規劃職涯，難免會對前景感到憂慮。在所有投入精力並想要成功的事情中，我們被腎上腺素——這個讓心臟跳動的化學物質——給激發。不論是要力爭金牌，還是打倒一個搶劫犯，或是和心儀的對象第一次約會，這些情況都適用。如果你已經做好準備，暗示自己腎上腺素會上升，並持有自我證明（「我很興奮」）而非自我失敗（「我害怕失敗」）的心態，成功的可能性就會大幅提升。記住：「困擾人們的不是事情本身，而是人們對事情的看法。」早在西元一三五年，愛比克泰德就說過這句話，直到今天仍然適用。

第八章

征服高山，
不如征服自己的內心

財富和美貌帶來的聲望是短暫而脆弱的；精神意志的強大才是優秀和持久的。

——薩盧斯特（Sallust）

我們要征服的不是高山，而是我們自己。

——艾德蒙・希拉里爵士（Sir Edmund Hillary）

大部分企業的高階主管都知道掌握簡潔有效訊息的重要性，如今資訊科技的快速發展更加劇了他們的緊迫感。對於信奉「慎思終有益」的人來說，有一個簡單樸實的方法可以幫助他們減輕精疲力竭症的症狀：讀一下美元紙幣背面印的那句話：「我們信仰上帝」（In God We Trust）。為什麼美國財政部要在紙幣上印上這句話呢？顯然，這是在提醒人們，金錢不是萬能的，世上還有很多值得我們珍視的事情。

自從人類有歷史以來，許多偉大的思想家，例如薩盧斯特，早已提醒人們切勿把幸福的希望寄託在美貌或金錢上。在《聖經》中也出現過類似的內容，舊約箴言（11：28）中提到：「指望財富能帶來一切的人終將失敗。」連佛洛伊德也說過：「人們總是用錯誤的標準來要求自己，而這個做法很難改變，他們為自己尋求權力、成功和財富，羨慕他們眼中的成功人士，並低估了人生的真正價值。」[1]

艾德蒙．希拉里爵士擁有巨大的財富，但是他並沒有沉迷其中，而是聲稱「我們要征服的不是高山，而是我們自己」。他知道心理上的滿足感源自於克服自身弱點，戰勝個人恐懼，與財富的累積無關。他認為，只有在為自己的錯誤承擔責任或不再尋找藉口，才能得到心理上的成長。其實，艾德蒙爵士的格言裡蘊含的真意是：真實的自我評價是人生中最難的事情。幫助一個人「認識他在自我實現過程中的障礙（例如金手銬）或批判他自己的性格」是件十分困難的事情。倘若此人還信奉成功將帶來一切，你幾乎無法喚醒他。

大部分承受精疲力竭症痛苦的人都不願進行真實的自我評價，因為他們害怕被羞辱或丟臉。除非真的有創傷能打破他們脆弱的情感防線，否則那些相信「思考致富」的人，不可能投身於無法為他們帶來經濟利益或社會地位的活動，哪怕這個活動意義非凡。而且，這樣的人無法相信別人的慷慨大方，內心的貧窮和表面的富有常常相伴而生。對自我有正確認識的人更容易對別人產生信任，因為他們是完全獨立的。可以相信別人，並且願意依靠別人的人，可以說是世界上最幸運的，雖然他們可能不是傳統意義上最出色的人。

自戀還是自欺

「自戀」和「對他人的不信任」常常同時出現在一個人身上，這絕非巧合，如果一個人只有依賴物質財富才能獲取心理滿足感，他就無法和別人建立起真正的親密關係。這就像是，一個孩子試圖推翻大人對他的負面評價。當一個成年人過度展現出自戀心態，炫耀自己的財富或吹噓自己的能力，你可以確定，他們的沾沾自喜其實是在潛意識裡或是象徵性的在告訴父母：「看，你們錯了。」

心理學家認為，人們會透過一種叫投射（projection）的防衛機制來保護自己不受負面回饋的傷害，具體做法是：將他人當成是負面情緒的來源。按照這一理論，如果一個自戀狂感覺自己遭貶低，投射心理會讓他們相信，「不全是我的問題，是他們的錯。」延伸來說，投射型的防衛讓你相信自己當然是特殊的，理應得到他人的肯定和喝采，不過事實上，你忌妒並憤恨那些你認為沒有你強的人。然而，產生這種投射型防衛的最重要心理因素是憤怒。幾乎所有在醫學上被診斷為自戀型人格的人，他們都會不自覺地透過各種症狀（誇誇其談，盛氣凌人，迷戀成功、財富、美色）來掩飾內心複雜的不滿情緒所產生的憤怒。

對自戀的人來說，如果不能控制內心的憤怒，幾乎無法獲得成功。而他們一旦獲得了成功，壓抑已久的自我認知就會浮現出來。自戀狂的自我防衛結構中的一部分，就是會經常貶低別人，他們行為傲慢，缺乏最基本的同情心。在更極端的情況下，當他們的需求沒有立刻得到滿足，他們心中的憤怒會如狂風驟雨般爆發出來。

不難想像，童年時經常被喝斥和貶低的人更容易變成自戀狂，他們都對真實或想像中的羞辱和輕視異常敏感。如果他們想要保護心理不受這種精神痛苦所傷，唯一方法就是將自己的不足感投射到別人身上，那麼他們很容易對他人產生鄙視。諷刺的是，這種保護會產生一種惡性循環：自戀者為了逃避自己的不滿足感，便透過貶低他人來產生自我認同。這種行為，反過來，會引起被蔑視的人的反擊。如此一來，自戀者就有明確的正當理由繼續貶低、疏遠和不信任他人。

浮士德式交易

當負面回饋讓自戀狂感到自尊受到傷害時，他們就會借助投射型保護心理來提振自我意識，這種心理其實是對現實與理想落差的補償性思維，這種思維看似善待自己，其實非常有害，「既然他們不喜歡我，那我就做出一些讓他們不得不喜歡我的事或成就來」。被輕視的人會認定，「不討人喜歡」是自己的缺陷之處，這一缺陷的最佳處理方式只有透過其他大量的東西來補償，例如才幹、能力、智慧等。這種心理有一個隱藏的好處：它會促使一個人去爭取有回報的成功，尤其是物質報酬，過度補償的思維甚至可以支撐受挫的自尊一段時間。然而，問題在於，如果總是透過壓抑內心的憤怒去追求成功，從而贏得他人的愛戴，那麼，當他成功的時候，深埋心底的憤怒也會再次被喚醒。

一方面，這種應對方法：「我可以透過自己的成功來贏得別人對我的喜愛、欽佩和認同」，會造成他們對嚮往之事（真正的愛戴）有不成熟的理解（盲目崇拜）。另一方面，一旦自戀狂對盲目崇拜的真正意義有所察覺，他們會感到很受傷，並導致更多貶低別人的行為。最終，這一補償思維會帶來浮士德式的悲劇：他們過度依賴物質上的成功、以及這種成功對自我價值的肯定，越來越無法信任他人，也越來越難以獲得真正持久的精神上的滿足。

浮士德式交易的後果

喜劇演員格魯喬・馬克思（Groucho Marx）有句名言：「我不願隸屬於任何把我

當作會員的俱樂部」，而浮士德交易像是這句話的悲劇版本。藉由彰顯權力或財富所得到的愛並不是你真心想要的，因為它太膚淺了。說得難聽一點，這個交易將不可避免地成為一把雙刃劍：意識到「他們愛我，只是因為我所做的可以取悅他們」，同時也意識到成功不是無限的，一旦表現不佳，那種愛便會停止了。當人們陷入「用成功換取愛」的浮士德交易時，「如果我不成功，他們就不會愛我了」所帶來的恐懼可以被意志力征服，人們會不斷地去獲取成功來維持自己擁有的一切。長此以往，事情會越來越糟。除非人們能夠面對真實的自己——大部分成功人士其實知道自己內心的真實情況——否則他們都會像輪子上的小白鼠一樣，永遠被恐懼所困擾。

找到和社會的連接點

自戀狂一開始並不知道自己最終會面對多大的痛苦，一旦他們意識到自己無法永遠維持成功時，他們就不得不對自己的生活方式產生懷疑：對名利的狂熱追求使他們忽視了自己需要發展社會技巧。克里斯多夫．拉許曾這樣說，自戀者「對他人的貶低，以及對別人的一切都毫無興趣，使得自戀狂的生活更加枯燥，這進一步加深了『自戀狂內心的空虛感』……自戀狂恐懼與他人的精神交流和對他人的精神依賴，他們在與他人相處時的控制慾和虛情假意，使自戀狂與他人之間的相處更加糟糕」。[2]這也是為何那些終其一生都在征服一座座高山的人，到頭來卻發現最難征服的是自己。他們最大的恐懼在於（如果他們承認的話），當他們不能依靠成功的虛幻意義而生活、卻不得不依靠別人的關愛時，他們根本就不知道該怎麼做。

羅伊是一位五十五歲的管理諮詢師，他的合夥人（也是唯一的朋友）介紹他到我這裡接受治療，他擔心羅伊恐怕會「再次心臟病發作並死亡」。他朋友的擔心有跡可循：羅伊每天花上十二小時在他的顧問工作上，還要花兩小時喝酒。他的朋友說：「自從他失去日本客戶後，我真的很擔心他的身體狀況。至少他之前去日本時，都會和航空公司的空姐或援交妹發生點浪漫故事；而現在，他除了工作和喝酒，剩下的就是沒來由地責罵別人。」

為了應付合夥人，羅伊同意與我進行一次談話。羅伊對自己的工作很滿意，很享受為別人仲裁是非，但是，對於工作以外的生活，他實在不知道該怎麼安排。羅伊出身於波蘭移民家庭，他是家裡的獨子，父母在紐約艱苦地把他撫養大。他父親是一名酗酒成性的卡車司機，在羅伊五歲時就拋下家庭，羅伊的母親不堪這個沉重打擊得了精神分裂症，由於沒有得到及時治療，情況越來越糟糕。羅伊幼年時感受到的訊息和所有經歷過父母去世或離異的孩子一樣：你是多餘的。

幸好羅伊是個聰明的孩子。一年級起他就懂得用自己的聰明才智獲得表揚，他一直生活在各種榮譽中。羅伊不會因為沒拿到「A」而受到父母的責備，但他認定，只有透過優異成績才能得到好的結果。雖然學習成績和老師的關愛使他感到滿足，但這遠遠比不上父親的一個欣慰微笑或母親慈愛的擁抱。

由於體質柔弱又總是看書，羅伊從不參與任何體育活動。而且他非常害羞，所以他在高中階段沒有參加其他的課外活動。在紐約市立大學就讀時，他每年都是優秀學生，但卻幾乎沒有朋友。大學畢業後，他與鄰居家的一個女孩結婚，女孩對會計很感興趣，正好與羅伊對經濟的熱愛很般配，兩人建立了一個平平淡淡但是志同道合的家庭，暫時還沒有孩子。

如果沒有一九八〇年代的經濟繁榮，羅伊很可能就會平淡無奇地度過一生。像很多在那個年代的書呆子們一樣，羅伊從一個會計事務所默默無聞的小職員，搖身一變成為前六大會計師事務所年薪百萬美元的經濟策略家，從事當時紐約最熱門的公司併購業務。羅伊擁有了財富和社會地位，但是你很難相信，當羅伊和他雄心勃勃的團隊一起高歌猛進的時候，羅伊正壓制著內心復仇的怒火。學生時代的羅伊，成績優異卻沒有什麼社交能力，當他成為公司核心時，情況就變得複雜了。

羅伊不是一個很有主見的人，也不是個健談的人，在新的工作環境中，他感覺被冷落和排斥，他認為以自己的貢獻不應該受到這種待遇。然而，對一家公司而言，一個「只有才智」的人是無法被倚重的。羅伊的自戀傾向開始導致他的憤怒：他怨恨那些對客戶很有一套的同事，稱他們為反社會人格者、馬屁精等諸如此類。當這樣還起不了作用，羅伊便開始把成功交易的功勞都算在自己頭上，他聲稱如果不是因為他的貢獻，客戶早就不知所蹤了。羅伊冷嘲熱諷地挑撥同事和客戶之間的關係，使他在工作上與大家越離越遠。

後來，在公司中飽受羅伊誹謗的五名年輕合夥人集體辭職，開了一家時裝店，這件事導致羅伊結束了在紐約事務所的職業生涯。雖然知情者表示就算沒有羅伊，那幾個年輕人還是會離職，但是公司老板不這麼認為。在這場公開的較量中，羅伊輸了，這家公司曾經讓他從青蛙變王子，但如今他只能接受被解雇的結局。幸運的是，他在這家公司的一個朋友同意和他一起建立諮詢工作室。對羅伊來說，在創業初期有一個穩固的聯盟是非常有必要的。但是，這種穩定聯盟的安全感更加劇了羅伊失去上一份工作的心理痛苦。看起來，合夥創業可以讓他免去許多不快，但沒能讓他從被解雇的事件中吸取教訓，於是他病態的自戀愈演愈烈。

為了彌補被解雇的恥辱，羅伊對社會地位的渴望越發強烈。他甚至向我描述，在被解雇到成立工作室的那段時間裡，他在亞洲度過了「天堂般的幾個星期」，在那裡，妓女們對他百依百順。回到紐約後，他不顧自己的身體健康毫無節制地飲酒。而羅伊自戀般的自我放縱帶來的後果就是，他在五十一歲時心臟病發作。

當我開始對羅伊進行治療時，已經是他心臟病發作後的第四年，很顯然悲劇的發生並沒有使他清醒。他仍然看不起手下的小職員，苛扣伙伴的業績，總是搶風頭。在重大壓力之下，更嚴重的問題出現了，羅伊甚至開始和他唯一的朋友兼合夥人翻臉。

看到羅伊的自戀傾向已經接近失控，我擔心再這樣下去他會中止我們的治療並遭受更多痛苦，我不得不使出殺手鐧。我有一個朋友在紐約商學院教書，我說服他讓羅伊去和學生做一場關於專案規劃的演講，並向他保證羅伊會是一個令人滿意的演講者。

把羅伊介紹給我的教授朋友之後，我改變之前所有的指導方向，鼓勵他以更健康的方式去追求他對聚光燈的病態渴望。擁有一批未來企業高階主管的聽眾，羅伊很快就不再需要以打壓公司同事來建立自尊。巧的是，他花費在追求自我榮耀的時間上越多，他用來打壓別人的時間就越少，羅伊無意中給公司的年輕人創造了增進技能和拓展客戶的機會。結果就是，他公司的業績提升了，加上他是負責人，所以羅伊又有了可以吹噓的本錢。

在特殊的情況下，我們會透過「提前給予榮譽」來治療自戀傾向。從遠期結果來看還是比較樂觀的：讓羅伊早早從諮詢工作室退休，這樣他就可以繼續生活在聚光燈下，做一名受歡迎的講師。儘管羅伊從未得到真實的心理滿足，但考慮到他的成長環境，目前看來，學生們對他的仰慕足以讓他感到滿意。

自助心理的危險

要幫助自戀症患者察覺他們才是自己最大的敵人非常困難，主要原因之一是，社會過度支持他們這種生活方式。別忘了好萊塢是如何把明星包裝好推銷到大眾面前，時尚產業是如何創造潮流並開拓市場，麥迪遜大道的商店又是如何用年輕和性感做賣點。自一九六〇年代起，自助觀念透過出版業傳播開來後，自戀的生活方式就以創紀錄的速度蔓延。

一九七五年馬克．蒙斯基（Mark Monsky）的著作《爭當第一號》（*Looking Out*

for #1）出版，書名抓住了這個趨勢，這個問題才得以顯現出來。平心而論，宣揚自助思想的作家以蒙斯基為代表，他們的作品有可取之處，最終卻造成了非常糟糕的後果，原因在於人們根本就沒有深讀他們的書。這類書的標題和文案都很直白淺顯，很多人只要大致看一下書封和標題，就以為自己得到精髓。不管怎麼說，這類宣傳自助思想的書籍，迎合了自戀狂愛護自己、保護自己的心理。

文學作品和暢銷圖書充斥著對「爭當第一」思想的歌功頌德，更加推波助瀾了自戀狂內心的病態：好高騖遠、過分苛求、對成就的貪得無厭、缺乏同情心，以及對美貌、年輕、權勢和財富的沉溺。儘管心理治療的目標一直都是想幫助承受痛苦的人們調整心態，使他們能更融入身處的社會文化中，然而當「爭當第一」成為社會思潮，自戀狂會因此認定：「我不需要改變，我只需要能幫我在成功道路上克服外在障礙的策略。」這種只專注於征服高山，而非專注於征服自我的心理是非常脆弱的，需要儘快進行心理治療和引導。

這些有關自助的理論其實存在不少問題，加劇了自戀狂與他人建立健康親密關係的難度。很多信奉「爭當第一」理論的人認為，如果幸運的話，自己可以找到那個善良又聰明的人，給予自己應得的愛。埃里希．佛洛姆（Erich Fromm）在著作《愛的藝術》（*The Art of Loving*）中提到：

大部分人在說「愛」的時候，首先想到的是「被愛」，而不是「去愛」。所以對他們來說，最重要的是如何得到愛，怎樣才能變得可愛。追求這個目標有幾種不同方式：第一種是男性通常會採取的方式，就是要盡可能地變得更成功、更有權勢、更富有；另一種是女性通常採用的方式，即透過對自己體型、衣著等的重視，讓自己變得更吸引人。人們總是認為愛是很簡單的事，但是要找到合適的對象去愛，或者去被愛是十分困難的。[3]

突破心理防線

現代心理學認為，唯一能讓自戀狂停止其功利化衡量標準的刺激，就是打擊他的自我崇拜：由他深愛的人所帶來的損失和打擊。我看過很多人花幾十年時間騙取商業合作，從別人那裡搶奪功勞，參與犯罪活動，盡其所能來累積成功的資本，拒絕身邊愛他的人（孩子、伴侶）屢次對他們提出「重新審視自己生活方式」的請求。直到孩子開始進行皮洛士復仇，或者發現配偶出軌，他們才能意識到問題所在。

一般來說，對自戀狂的打擊總是突如其來。曾經有一位固執的工作狂病人，直到他女兒第三次與一個他曾公開貶低過的人懷孕，他才決定賣掉自己價值千萬美元的公司。我的另一個病人是猶太人，他早年逃離納粹的魔爪，胼手胝足，登上《富比士》四百大富豪排行榜。他一直拒絕改變自己貶低他人的行為，直到有一天，他兒子在胸口紋上象徵猶太的大衛之星圖案，他才停止對孩子的無端責罵行為。

這些殘酷的事實，是給那些認為物質財富代表生命全部意義的人敲響警鐘。除非自戀狂意識到：完整的人生應該包括對他人的關愛，否則來自家人的傷害會令他難以承受。然而，要從自戀傷害中吸取教訓，他們必須相信有一種更寶貴的事物可以取代他們的自戀需求。

像西格蒙德．佛洛伊德這樣公開的無神論者和宗教批評家也都承認，只有全身心去追求「（一種）穩定持久的關係，和外部世界合而為一的感覺」——即一種「虔誠」的感覺——人才能避免陷入痴迷權勢、成功或財富的心理陷阱之中。[4]如今，得益於心理分析學家愛利克．艾瑞克森的傑出研究，佛洛伊德或許會承認，人類應該努力達到傳承創新。艾瑞克森是這樣定義傳承創新（generativity）：

生物界的進化告訴人們，相互依賴和走向成熟是相輔相成的：成熟的人渴望被別人需要的感覺，而人類走向成熟是大自然的需求。人類的創造，就成了人類得以繁衍生息的基本條件。[5]

艾瑞克森花很多精力去證明，傳承創新不應與撫養孩子的任務混為一談。傳承創新的含義包括了非生物的生產力和創造力，並擴展到對科學和社會活動等貢獻。他提出，透過全人類更好的連結和傳承，才是傳承創新的目標和本質：

僅僅只是擁有或想要小孩並非達到了傳承。有些父母似乎因為關懷照顧孩子的能力受阻而痛苦；通常會發現原因是……他們對父母身分的錯誤認知；或是過於自力更生的性格導致極度自愛；以及缺乏一點信仰或缺乏對人類物種的信念，而這些才能使小孩受到更好的照顧。[6]

停滯不前與過度緊張

根據艾瑞克森的理論，無法對他人產生信任的人注定要承受巨大痛苦。他還特別強調，那些在獲取成功後仍然不願意與他人有連結的成年人，會回歸到一種「因停滯感、鬱鬱寡歡、人際關係緊張而迫切需要的偽親密感」的生活方式中，[7]換句話說，倦怠和憂鬱會讓人有種「就是這樣了嗎？」的感覺。

艾瑞克森把這種感覺稱為停滯（stagnation），陷入當中的人們經常會把自己的認知與在組織中的角色混為一談，艾瑞克森闡述其原因：

> 人類的天性形成了傳承創新的道德標準。傳承創新是人類社會向前進步的推動力……每一個有組織的人類社會，都在努力為下一代的需求建立起一套保障方式和大量的肯定，以確保每一代能適應未來變化的情況。[8]

當一個人處於職涯巔峰時，把個人與CEO的職位混淆，會讓人感到擁有了特權。對於已經獲得極大成功的人來說，成功帶給他們的愉悅感絲毫不亞於精神藥物。對角色的依賴可能導致他們像服用了致幻劑一般上癮。社會學家稱之為認知依賴（identity dependence），處於這種情況下的人會執著於一種零和（一方得益會引起另一方遭受相應損失）思維，成功的職涯只是為了擊敗他人，或保住個人自尊的假象。

痴迷於權勢或名聲的人，一旦不得不離開自己所依賴的一切時，他們會無所適從。很少有人能像羅伊這般幸運，能找到源源不斷的聽眾。證據顯示，痴迷名利的人在失去一切後，會受到致命的打擊。[9]企業家縱火犯就是這種現象的最佳例子，那個當年不從主流的青年漸長變老後，只能用他們所謂的男性雄風來打動年輕女孩，這是最可悲的。只有與他人建立連結和傳承，才能避免發生這種錯覺或被拒絕後的羞辱情況。

從功利性的角度來看，連結和傳承意味著：捨棄「自我利益和旁觀者的認同」來獲得自尊。在之前關於自我實現內容的討論中，你或許還記得有幾種方式可以不依靠他人的回饋來達到心理滿足感。孩子們玩耍是為玩而玩，不是為了獲取歡呼和勝利。類似地，具有自我實現特質的父母會從撫養孩子的行為中獲得滿足感，而這並不需要他人的見證。因此，一個對他人傳授的人，藉由傳授過程中所獲得的滿足感，能彌補過去個人因無法實現的計畫所帶來的空虛感。人們會把聰明才智放在培養下一代身上，讓下一代去完成自己的夢想。

你可以想像得到，一定有些人始終無法去傳承，當然是指心理角度。艾瑞克森認為，他們之中絕大多數人患有過度延伸（overextension）。簡單來說，過度延伸症就是一種對個人肯定的狂熱追求。換句話說，他們把傳承視作人生的終結，而非一項有意義的事。

正如自我實現無法靠奮鬥或教導來獲得一樣，艾瑞克森依舊維持他的觀點，如果被強迫去進行傳承，就像參加比賽一樣，會不可避免地導致過度延伸症。因為這些人沒有真正理解傳承的意義：停止自私自利的想法和行動，而是以扶助或給予的心情為他人付出貢獻。

芭芭拉是少數自己主動來找我的病人之一。她是在網路上搜尋到我的資料，而一九九〇年時我甚至不知道這種搜尋方法。芭芭拉認為我像一名處理工作壓力的專家，而那正是她遇到的問題，然而病人對自己病情的猜測通常都是不準確的。

芭芭拉在美國東岸一間大公司擔任副總裁，主要負責活動策劃。她有兩個老板，或者你可以稱之為贊助商。從一方面來看，她的確在公司人力資源部門下工作。但從另一個角度看，每一個需要策劃活動的經理都是她的老板。

第一次見面時，我仔細傾聽芭芭拉描述壓力是如何逐漸壓垮她的。大約在第七次會面時，我請她思考一下自己的一個反常狀況：她似乎從來沒有為了最後期限而提出抱怨。「我不明白，」我說，「妳會因餐廳和酒店老板的事感到壓力，但卻從來沒有在接近工作期限時感到緊張。每次活動結束後妳都覺得偏頭痛，一週後還會得濕疹，活動結束當晚妳會失眠，甚至第二天不想去上班想在家休息。妳的壓力並不是來自工作，而是來自於順利完成工作後的困擾。」

芭芭拉似乎找不到什麼理由來反駁我的觀點，她變得有些生氣。我對她的分析是，她的壓力來源於「想要將工作做得完美無瑕」。我還是堅持我的觀點，她是因為活動舉辦的成功後果而感到壓力的。

當我們的意見越來越難以達成一致時，芭芭拉說道，「一個活動即將結束的時候我知道它會像全壘打一樣成功，所以我就可以休息一下並集中精力投入下一場活動中。你難道還不明白，每次我策劃一個活動就要對潛在問題『做最壞的、災難性（catastrophize）的準備』，這才是導致我壓力的原因？」她自己或許不知道，但她對「災難性」這個詞的引用卻讓我找到了幫助她的方法。因為「災難性」這個詞在一九九〇年還是專業術語，不會出現在我們的日常口語中。我覺得芭芭拉應該是盡她所能做了大量的研究才會遇到這個詞。我試著提出這個想法，她說，「當然了，我已經找遍所有我能找的資料，你不覺得我很厲害嗎？」「沒錯，我相信，」我回應她，「但妳們公司的人可能並沒有這麼認為。」對於我的觀點，她反覆感謝了我十幾次。

接下來的一個月，我們的重點就轉移到問題所在之處：我們分析為何芭芭拉作為一個超級完美主義者，卻沒有人感謝她的所作所為。首先來看她的症狀是如何使她獲益的。很明顯可以看出，芭芭拉的生理問題是為了抑制憤怒而自我產生的一種警示。她的身體在提醒她，不能再繼續壓抑這種被低估的心情，不能再繼續當前的工作角色。我們都認為她的失眠、頭痛以及濕疹，都是由壓力所引起，但不是她之前認為的那種壓力。實際上，芭芭拉的身體正是因為壓抑自己對其他人的不滿而「崩潰」。最終，透過短期的信心訓練，我證實了這個問題。

芭芭拉之所以出現問題，深層原因是她的行為方式：因為害怕被別人認為能力不足，所以凡事要力求完美。就拿一個孩子來說，當他要面對的最大挑戰是如何控制天生過於強烈的侵犯衝動時，家長就需要幫助孩子排除那些具侵略性的行為，而不是藉由恐嚇方式——以嚴厲的懲罰或讓他看自己的行為如何危害他人。威脅式教育只會讓孩子向權威勢力低頭，卻沒有讓他們深刻明白融入社會的好處。如果孩子們對自己的衝動都感到害怕，那麼會引起更複雜的問題。芭芭拉就是如此。

芭芭拉害怕自己的每一種「攻擊性」衝動，理由非常典型：她的母親是一位非常強勢、有控制慾的人，而崇敬的父親卻是比較膽小懦弱的人。當芭芭拉表現得比較「男孩子氣」或者玩得「瘋」一些時，母親會毫不猶豫地打她、對她發火，或懲罰她。芭芭拉很快就適應了這些批評。父親的反應則截然相反，當女兒又調皮時，他會傷心哭泣。芭芭拉的父親似乎把她視作自己不幸婚姻的唯一希望，每當她不能達到父親的期望時，父親就會崩潰。當母親開始責罵她父親是個「娘娘腔」時，芭芭拉的衝動行為就會愈演愈烈。

初中的時候，芭芭拉和幾個朋友被抓到在女生更衣室裡抽菸，並因此被學校勒令休學，她父親像往常一樣號啕大哭。母親用冷酷嘲諷的語氣責問父親：「如果你的寶貝女兒在學校停車場和男生發生關係，你怎麼辦？心碎而死嗎？」

雖然芭芭拉並沒有意識到，在更衣室抽菸這件事的後果是她一生追求完美主義的起因，但芭芭拉清楚記得，自那之後，她發誓再也不會表現「浪蕩」，並努力把每件事都做到盡善盡美。這種改變是無私的，實際上是為父親考慮，卻讓她背上完美主義的負擔。她決定要做一個「好女孩」，是因為害怕自己的衝動行為可能會毀掉家庭，這種擔憂和恐懼就像架在芭芭拉太陽穴上的一把無形手槍。儘管實際上並沒有做出什麼逾矩的事，但她固執的性格依然存在。她用盡全力壓抑自己的慾望，從而維持她在父親眼中的好女孩形象。

此後兩年，芭芭拉一直在與我合作，希望解決她對父母的矛盾看法以及過分擴張延伸的傾向。最後她做到了，而且讓自己在人生中的各方面都心滿意足。

傳遞火炬

當我們討論傳承創新，不免要談到傳遞責任的問題。如果一個成功人士無法向下一代傳承知識或理念，他如何能讓自己那透過工作、努力和成功獲得的人生，順利過渡到更真實幸福的生活中呢？當然，「傳遞火炬」具有更廣泛的導師制或教導能力含義。正如約翰·甘迺迪在總統就職演說中強調，傳承創新是一種充滿熱情的過程，可以為他人點燃熱情和希望。艾瑞克森應該會贊同這個說法，他們的觀點和佛洛伊德有所不同。從佛洛伊德心理分析的角度看，兩代人之間總會有代溝。例如，從佛洛伊德的伊底帕斯戀母情結理論的角度看，如果在兒子追求母親的過程中，父親看穿了其真實意圖，那麼父親可能會變得震怒並尋求復仇。於是在這個幼年男孩心中便種下了閹割焦慮（castration anxiety）的種子。

佛洛伊德提出，造成兩代人之間關係緊張的原因還有：父母可以影響孩子的成長，但孩子對父母卻沒有這種能力。但艾瑞克森卻認為，一個人的自我可以透過與他人的自我的相互交流而活躍起來，父母與孩子間也存在這種交流，最終會形成一種互相影響的循環。譬如我在撫育女兒的過程，她的笑容、咿呀學語以及智力進展都能促進我個人自尊和自我的發展，這也讓我願意花更多有意義的時間陪她，從而促進這種交流的良性循環。艾瑞克森確信，兩代人之間的交流相互影響是雙贏的，他稱為互惠（mutuality），並認為這就是「愛的祕密」。[10]

然而，很多人都不認同這種互惠的存在，尤其是因為兩代人之間存在著明顯的不同。法國哲學家加斯東・巴舍拉（Gaston Bachelard）便是一個例子，他堅持從佛洛伊德的理論來看待世界。巴舍拉認為人類存在著一種普羅米修斯情結，具有此情結的人希望自己擁有神的力量。根據巴舍拉的說法，火是智慧的象徵，擁有普羅米修斯情結的人，他們會像普羅米修斯從奧林帕斯山偷走火種一樣，在自己生存的世界中尋求「火」。這些普羅米修斯式的人物，可以透過學習父親或老師的智慧來達到自己的目標。[11]

堅持自己職業道路的自戀狂認為，他們對自己的財富和地位的極力維護，能使自己在下一代面前顯得更有力量，他們覺得向下一代傳授是件很困難甚至是令人反感的事。如果這不是一種贏者通吃的心態，那還能是什麼呢？相反地，具有創造力和放眼未來的人，他們才能贏得下一代的支持，從而建立傳承，在職業和精神上都進入更高的境界。傳授的過程能會減輕人們進一步追求美貌和財富的壓力，取而代之的是對於自己已經取得財富、知識而感到欣慰。實際上，參與年輕一代的成長過程，會給人一種安全感和力量，可以拓展他們看待人生的眼界，並坦然面對自己的失敗和軟弱。

讚美失敗

大部分人都認為，對於取得成功抱持美國式的激進看法，會引發心理問題。現在有一種趨勢，就是把易受攻擊的性格看成是軟弱的標誌，而這是導致精疲力竭症無法緩解的主要原因。成功造成自我傷害的主要模式，就是將自己置於一個相對高的位置，然而這會阻礙傳承。為了幫助下一代獲取更多益處，人必須一開始就讓自己變得更平易近人。

一旦出現精疲力竭症狀，最好能夠承認自己沒有奧林帕斯眾神的偉力，這種承認有極大好處。至少，在犯錯之後，能給你東山再起的力量。直到你放棄虛偽的完美，不然你不會有機會獲得維持事業成功的新技巧或資源，如同愛比克泰德在大約兩千年前曾經說過：

> 要做好任何一件事，就算開始時遇到挫折也要保持謙遜的態度，跟隨你的直

> 覺，哪怕會迷失、會犯錯、會失敗，也要勇於嘗試。凡人之所以能獲得非凡成就，是因為他們承認自己可能會失敗，所以總是小心翼翼地去避免失敗。

很多菁英人士都把精力花在假裝成功上，卻不是去發展與別人的溝通、融合和相互連結，從而獲得長期的成功，這樣的做法會使他們的事業走向沒落。盲目信奉「成功者永不放棄，放棄者永遠不會成功」，是無法和別人建立起良好的相互交流、以及傳承創新關係。

有人認為，如果無法維持成功的聲譽就會毀掉職業生涯，這種想法是非常有害的，它會阻礙人們向外尋求幫助，讓人無法透過學習新技術和傳承創新來適應競爭。更糟糕的是，當人們腦海中只想著如何維持名譽自尊時，它還會阻礙人們用開放和客觀的角度看待自己。畫家法蘭西斯·培根（Francis Bacon）曾經說，「不願接受新方法的人一定會遭到新的打擊，因為時間是最偉大的革新者」。舊的不去，新的不來。除非你放棄舊的，不然你學不到新的改進方法。

很多信奉「沒有什麼比『看起來成功』更成功」觀點的人認為，他們可以透過盛氣凌人的態度來讓自我形象變得高大，以避免受到屈辱或羞愧。我們應該可憐這些人，而不是嫉妒他們靠這種手段得來的物質成功。從長遠角度看，他們的行為無異於慢性自殺。美國前第一夫人愛蓮娜．羅斯福（Eleanor Roosevelt）曾說：

> 只有停下腳步直接面對自己的恐懼時，才能獲得能力、勇氣和自信。你可以對自己說，「這樣的困難我都克服了，那我一定能夠面對接下來的困難」……你必須嘗試著去做你認為無法做到的事。[12]

有什麼是比「因為害怕丟臉而苦苦維持一個完美形象」的心理負擔更沉重的呢？恐怕沒有了。每時每刻都要保持警覺以免受失敗的恥辱，這種壓力會使最有能力的人不得不承認：努力使我相信自己不可能失敗。但實際上卻阻礙了一個人的成功。正如企業家亨利．福特（Henry Ford）所言：「失敗可以給你一個更明智的開始。」如果拒絕接受失敗的話，你還怎麼從失敗中吸取教訓並從中受益呢？

蕭伯納也認為：「能讓一個人感到羞恥的事情越多，這個人就越值得尊敬。」蕭伯納關於從失敗中汲取教訓的觀點，受到越來越多企業家的認同。《紐約時報》曾有一篇文章提到，很多創投公司和獵人頭公司都把那些經歷過失敗的經理人視為「炙手可熱的候選者」。[13]有足夠的事實可以證明：失敗，這個曾經惹人厭惡的字眼，其價值正被人們重估。在接收到壞消息時，以往的失敗教訓能讓他們減少很多焦慮感，並準備好最佳的身心狀況去面對。畢竟，一個有過失敗經驗的人，更懂得如何減輕失敗的代價。

捨棄的恐懼

一九九一年，雪倫透過他人介紹到我這裡，由她的案例，我們可以看到，人們對軟弱和失敗的看法與現在有很大差別。沒有人可以說服雪倫承認失敗或軟弱其實對自己有好處；如果當時有女版霍瑞修・愛爾傑，那一定就是雪倫了。她父親是南卡羅萊納州的高中老師，母親是家庭主婦，家裡有六個女孩子，雪倫排行老二，憑藉著自己的努力，她攀上一個又一個的職涯高峰，她把自己的成就歸功於上天的恩賜。我們第一次見面時，她直截了當地說，「你知道，我是不會告訴我父母或姐妹們我有心理問題的，那樣會讓我無地自容。我的家族裡沒有人是牢騷鬼，我不想成為第一個打破傳統的人。」

如果她是一個牢騷鬼，她一定已經對自己正面臨的問題發過很多牢騷了。雪倫任職於一家距離波士頓一小時車程的《財星》五百大公司，三個月前她被任命為資深副總裁，主管人力資源，自此以後，因恐懼所引發的身體不適就伴隨著她：對開車的病態恐懼。她不能確定症狀開始的日期，不過她告訴我，這幾週以來，只要一開車，她就會覺得反胃、頭暈。有一天早上，她在開車上班途中開始嘔吐、渾身發抖。無奈之下，她換上乾淨衣服，並打電話到公司請假，然後聯絡前夫送她去公司。第二天，還沒開車她就開始嘔吐，所以只好去看醫生。

醫生開給她可以治療焦慮和恐懼症的藥物。雪倫的症狀暫時得以緩解，但藥效總是短暫的。於是，她的朋友就推薦她來找我。

首先，我需要確認的是，雪倫的症狀是否是「她對承受的某種壓力或痛苦」的釋放形式。我找不到她恐懼開車的理由。她熱愛自己任職的公司，因為可以直接向總裁彙報，所以每天都很興奮。剩下唯一可能有問題的，就是她的感情生活了。當我提起這個話題時，雪倫說我想錯了。她的確最近離了婚，但卻有「強烈的意願」想要再婚並組織家庭。幸運的是，我對她居住的偏僻小鎮很熟悉。我想問問她，住在如此偏僻的地方，如何才能實現再婚的計畫。於是我問她，「雪倫，你住的地方都沒什麼人，你住在那裡是想與世隔絕嗎？」

這次我對了。她笑著說：「你說得沒錯；如果我想找到合適的人結婚，住在那裡是有些奇怪。」當我請她多說一些關於這方面的內容時，她說了些很有啟發性的話：「除了天氣之外……這個小鎮總讓我想起南卡羅萊納。我知道這聽起來有些不可思議，但我很想家。我現在就是這樣，三十三歲並處於職涯巔峰，但我就是很想家。我做夢都想回到南卡羅萊納，這真是太糟糕了。」

如果想找到恐懼症的原因，必須先研究一下這個人如果不做某個令他恐懼的行為，他會得到什麼好處。例如，你可以問害怕過橋的人，橋的另一端有什麼讓他害怕的東西。如果令他恐懼的是某種事物（例如上學或工作），過橋恐懼症的形成原因很明顯：可以防止他遇到讓自己恐懼的事物。但是雪倫喜歡開她的BMW，也熱愛她的工作，然而每次一靠近駕駛座，她還是想嘔吐。

漸漸地，我開始嘗試去激怒雪倫，我問她是否準備辭職。雪倫生氣了，甚至直截了當說要結束治療。但我還是不依不饒：「你還有什麼辦法回南卡羅萊納呢？你工作這麼傑出，不會被解雇，你的頂頭上司喜歡你，現在除非一輛救護車把你送回南卡羅萊納，不然你還能怎麼回去呢？」

一週後，雪倫承認我說的大部分是對的，她補充道：「但正如我所說，你還是目光短淺。是的，你說得沒錯，只要我離開現在的生活就能回去，但我並不想把障礙當作一個藉口。過去三個月內我遲到和請假的天數比過去十年都多，我最近可能明白了，我正在向莫琳（雪倫的員工福利總監，也是部門中她最器重的經理）傳授我認為重要的工作經驗。我不會什麼都沒留下就離開公司，我會培養好繼任者再離開。」

一聽到這個說法，我就明白我們的重點應該集中在雪倫為什麼不能放下一切、實現她培養接任者然後離開的願望。有兩個原因很具說服力：其一，當她意識到自己的病根是不想在波士頓工作時，我提的辭職建議讓她很苦惱，她說：「你知道，我的姐妹們把我當作榜樣，我在職場上每一個進步都被她們在家鄉無數次的津津樂道。我有責任為她們做好表率，不是嗎？」其二，關於她的前夫。雪倫已經兩次暗示我，她離婚主要是因為她覺得丈夫對她時間的占有慾太強。「如果我們倆有人中樂透的話，」她有一次告訴我，「我很確定他會拉著我一起去南部海島度假，還會說，『去你的世界，我們就是要盡情享樂。』但這不是我，我是一個會為別人考慮的人，也是為家庭而生的。」

雪倫終於找到恐懼症的病因，我的工作算是圓滿完成。不到半年，好消息傳來，莫琳已經可以成功地接手雪倫的職位，雪倫終於可以回家鄉了。然而這個結果，是她花費六個月時間才弄清楚，原來栽培繼任者接替她的工作、回到家鄉，才能滿足她內心的渴望。她辭職後在家鄉找了一個非常普通的工作，她終於可以過自己夢想中的生活了。

你能成為好的指導人嗎？

很明顯的，只有敢於承認失敗的人才有成為導師的能力。從艾瑞克森的觀點來看，除非成功的人可以接受自己的軟弱，否則將會無法忍受新人在學習階段中的經驗不足，也無法在培養新人時的焦慮、懷疑中獲得才智和心理上的成長。

在如今的商業環境中，企業高階主管最有價值的能力就是培養新人的能力。就目前的職場狀況而言，沒有什麼公開的工作技巧可以讓初入職場的新鮮人能立即勝任工作。所以，把有基本能力的員工培養成優秀人才，是至關重要的。

好的導師應該具備開放式的態度，正如VISA信用卡公司創辦人狄伊・哈克（Dee Hock）所說：「無法實現夢想不是錯，無法夢想才是錯。」回過頭看，艾瑞克森對傳承創新的定義也基於兩個基本原則：人類有成為老師的天性，人類的最基本責任就是創造和培養下一代。這種特性正是好導師的定義。

沃爾特・里斯頓在一九六七至一九八四年任職花旗集團（Citicorp）CEO，八十歲高齡時仍在七個委員會任職，投身於培養新人，從事為新企業或小企業提供顧問服務。沃爾特認為自己是在為美國的未來工作，他說：「當你成為一個過來人，你可以提供年輕的公司很多有用的經驗。」[14]

培養新人的行為同樣能夠使導師獲益，這種益處展現在身心上的滿足。例如，研究顯示，組織中的角色相對獨立的人，在被解雇後會更容易生病，甚至是死亡。[15]相反地，對他人的傳授和栽培，能對人產生良好的作用，例如，做過學術導師或「和平部隊」志願者，這些工作會對一個人的心靈產生很大的益處，像是自我滿足和心理承受力，這一切都讓人能夠更好地處理面臨的壓力。

在退休人員中，這種作用更為明顯。據他們個人反應，傳授技術和經驗是他們維持身心健康的關鍵因素。有一個叫SCORE的組織，是退休高階主管服務中心，這個組織裡有很多案例可以證明。他們讓像沃爾特這樣的退休人士與無力聘請專業顧問的小公司進行配對。在年輕企業家學到商業技巧的同時，SCORE的導師們也獲得了心理滿足、提升自尊，這方式的成功不單是他們完成指導，而且還將卓越的人生智慧傳授給了其他人。事實顯示，在傳授過程中，很多退休者不經意中恢復了他們在企業中以往的角色，使得分享自身豐富經驗成了自然而然的事。[16]

人際關係很重要嗎？

我認為，指導他人最大的好處就是有機會建立一種活的傳承。人們通常認為，一位大師對社會的影響是永恆的。當我試著向那些羞於表達自己情感需求的人說明教導他人的優勢時，我會給出以下建議：你當成是吸引別人來投資你的夢想和智慧，他們也能回報你精神財富（讚賞、欽佩等等），如果他們成功了，會推薦別人進入你的圈子。你的資源將會如同投資收益般以幾何級數增長。

建立傳承的關鍵在於態度的轉變，這也是重燃鬥志過程的第一步：捨棄對成功以及金錢的崇拜，改以情感關係取代，也就是我們常說的「連結」或「社會關係」。

這裡討論的「社會關係」並不是能幫你弄到洛杉磯湖人球票，還是坐在明星傑克・尼克遜（Jack Nickolson）旁邊的那種關係，而是導師和年輕人形成的關係。「連結」則是這種行為（培育他人智慧和心靈進步）的結果。這裡再次重申，像男性般執著追求成功的傾向容易導致疾病，而女性對人際關係的依賴則有益健康。

我們回想一下，珍・貝克・米勒提到「與他人的關聯」時的看法：「女性對自我的感覺很大一部分是來自於與他人的連結和關係。」[17]這就是傳承創新過程的基本能力，也是所有傳承關係建立的基礎。而矛盾之處在於，它也讓雪倫承受許多痛苦，直到她承認自己更需要與他人建立連結而非保有顯赫職位。很多自戀狂的職業成長過程太過注重短期利益，進取心太強，執念於零和博弈（Zero-Sum Game），忽視與他人建立連結，所以他們很難獲得心理滿足感。

無論是企業CEO、知名律師（尤其是訴訟律師）、明星運動員，還是其他職涯成功人士，只要他們致力於維持歸屬感和情感關係，就能自然而然地從傳承中獲益。每次我在為企業高階主管（五十五歲以上）做精疲力竭症的心理輔導時，都會遇到這個困難，我會給他們一個小牌子，上面有馬太福音（16：26）的引言：「如果一個人贏得了全世界，但失去自己的靈魂，還有什麼意義呢？」那些帶著贏者通吃心態、花費一輩子時間只為成功而奮鬥的人，如果想要找到重燃鬥志的熱情，唯一方法就是「去做真正能讓自己心生歡喜的事情」。

第九章

真正的幸福是個動詞

發怒很容易，每個人都可以做到。但是要在合適的時間，用合適的方式，以合適的理由，向合適的人發怒，就很困難了，並不是所有人都能做到。

——亞里斯多德

史考特·費茲傑羅（F. Scott Fitzgerald）曾說過，「美國人的人生沒有第二幕」，這句話中不免帶著明顯的怨恨或失望之情。對於一個沒有宗教信仰，患有心理疾病，甚至可以說是有罪的人，費茲傑羅對這樣的人有著奇特見解，而唯一可以理解他觀點的方法，就是研究他的代表作《大亨小傳》（*The Great Gatsby*）。這本書生動描述了一位有為的年輕人想用財富來掩蓋過去，並重新挽回女友芳心的失敗歷程。「成功可以改變生活、讓一切變得更美好」，對於這種美國式成功神話的論點，這本書做出了有力的控訴。

傑伊·蓋茲比是一個魅力非凡的走私酒販，也是一個喜歡炫耀的娛樂家，在他就快要重新奪回一生所愛——黛西·布坎南時，她卻被謀殺了。小說中提到，當蓋茲比在海外服役時，黛西嫁給一個有錢人，因為對方承諾給她優渥的生活。儘管她還愛著蓋茲比，但那時蓋茲比還在國外漂泊，於是黛西選擇了實實在在的財富。當蓋茲比和黛西在戰後重逢時，他們都已經是上流社會的人物。然而，物質財富卻未能消除他們根深蒂固的舊觀念，也沒能使他們的階級物質主義觀念得到淨化。在費茲傑羅的理解中，書中角色的命運都是命中注定的，最後，物質成功沒能補救他們的性格缺陷，而正是這種缺陷，讓蓋茲比和黛西兩人渴望已久的親密關係受到阻礙。

費茲傑羅並不是憑空捏造出傑伊．蓋茲比和黛西．布坎南這兩個角色的。有無數人都不顧一切地追求物質成功和社會地位，他們堅信成功可以帶來一切。正如馬丁．路德．金恩博士所說，大多數美國人都認為，「一個人要追尋的不是心靈的安詳和寧靜，而是挑戰和爭論」，並且對於改變自己的生活，投入過多的性格力量。但是，美國人並不願放棄他們對成功的信仰，也拒絕衡量性格在其中發揮的作用。近年來，出現了兩種現象：(1)盛行「一體適用」的援助員工計畫，特別是認為所有人都適合同一強度的工作壓力，(2)在學校教育和工作安排上，越來越不注意因人而異。這兩種現象對精疲力竭症患者來說無疑是雪上加霜，使他們更無法從工作中得到心理的滿足。

生活快樂了，工作就快樂？

製藥企業在全美國為他們的處方藥做廣告時，都提醒潛在的消費者必須遵守醫囑服藥。製藥公司當然希望所有人都來買他們生產的藥，但是他們清楚藥物都有副作用，有很多人不宜服用。那麼，對於心理治療而言，在推薦舒緩工作壓力和相關心理疾病的治療計畫時，是否也要事先做出預警呢？

一九九九年，《新聞週刊》（*Newsweek*）發布一份矽谷工作者的壓力調查報告，文章稱矽谷推出了一項「找尋快樂生活」的活動，能幫助員工從生活中獲得更大的滿足，進而在工作上更開心、有更多產能。文章這樣寫：

> 科技公司現在都變得像「教你如何重拾生活樂趣」的諮詢公司一樣——導師、心理師，甚至還有瑜伽教練……幫助過度沉迷工作的矽谷菁英們在高科技世界中找回他們的個人生活。一位寫過有關自助書籍的作者表示，科技公司「千方百計地讓他們的員工相信，工作不是噩夢」。[1]

矽谷白領每天的平均工作量約十六小時，他們心理壓力巨大也就不難理解了。但問題在於，許多這類旨在減輕壓力的諮詢活動，實際上卻使問題變得更加糟糕。

約翰．蓋奇（John Gage）是昇陽電腦公司（Sun Microsystems）的研發部經理，我們來看看他對《新聞週刊》是怎麼說的。該公司聘請了一位「重拾生活樂趣」活動的心理師，來指導軟體工程師和其他同事們「如何獲得真實世界的快樂：陽光、騎車，與孩子嬉戲」。[2]但是，這些對員工原有生活習慣的打攪卻產生了適得其反的效果。當然，這也符合我的觀點：「工作不是為了賺錢，而是為了做你喜歡的事情。」

這些活動表面上很有吸引力：「親愛的，研討會的主持人說得很好。我從來沒有像在高中時那麼愉快，能有時間去做自己想做的事。」抱歉，沒有人成年後還會這麼想。順便一提，如果你對自己夠坦誠的話，回憶一下為什麼你有這麼多的空閒時間？是不是因為沒人跟你約會？

這些活動失敗的另一個原因在於，兒時遊戲已經無法滿足成年人對個人成就和自尊的需求了。人類天生需要從克服困難和推進工作中互相傳承、取得發展，遊戲和野營中的各類技巧是無法滿足人類的這些需求的。愛比克泰德也曾質疑，人類是否真能從自我放縱的行為中獲得快樂。用他的話來說，真正的快樂是個動詞：

透過善行來獲得快樂，並非一種心力交換（為了得到快樂，所以我要做善事）。善行的本身既是實踐，也是回報……它是我們終生都在對自己性格進行的微小調整。我們學著完善自己的思想、言行和需求等，整體上不斷進步……行善即是快樂、安寧和無憂。當你積極投身於調整自我時，你就從那些使自己偷懶的藉口中解脫出來。取而代之的是，你腳踏實地走好當前的每一步。你坦然面對困難和失敗的態度使你的創造力倍增，在目前的環境下不斷取得進步……你的生命因為你完全投身其中而不斷前進。[3]

消極的安慰劑效應

千篇一律的心理治療或模式化激發鬥志的活動，由此引發的問題非常多。參與活動但是症狀沒有得到緩解的人，可能會遭受更嚴重的問題，因為人們接受的是同一模式的治療，醫生並沒有根據不同情況施以不同的治療，結果往往出現消極的安慰劑效果。

按照傳統的觀點，積極的安慰劑效應指的是，例如病人服用了無法治療其疾病的藥物，但病人以為這些藥是有效的，結果他的疾病就好轉了。積極的安慰劑效應之所以存在，是因為身體對理想結果的期待產生了正面影響。在很多事情上，其實我們都可以說服自己，甚至連生理症狀都能因此得到緩解。

當積極的安慰劑效應無法發揮作用時，所謂的消極安慰劑效應就會顯現出來：你已經準備迎接一個好結果，但是它並沒有發生；你希望能緩解自己症狀的藥並沒有發揮效用。在這種情況下，病人就會覺得自己的病情可能比想像中更嚴重。產生消極安慰劑效應的理由在於：「我吃了醫生開的藥仍然不見好，那我的病肯定會越來越重。」

如果企業在規劃這類活動時對員工做一個簡單評估，就能避免消極的安慰劑效應出現：了解一下感到壓力的同事，看看能使他快樂的事是什麼。活動結束之後還可以做一個回訪：「這能使你滿意嗎？」昇陽電腦公司的活動執行者，只要透過上述方法就能很容易知道，哪個員工更適合於月光下漫步、潛水、看馬戲，還是觀看拳擊比賽。問題在於，美國人一開始就不願意回答這樣的問題：他們總是忽視認識真正的自我。

而「找尋快樂生活」活動的策劃者則認為，實施「一體適用」的活動更容易些，因為針對個人偏好或缺陷來做決策，這並不是美國人習慣的工作方式。奠基美國國家實力的英雄是堅忍不拔的個人主義者，或許美國人在潛意識裡是崇拜他們的，畢竟他們曾在二戰中擊敗德、日、義軸心國；或者是因為對過去榮耀的錯誤崇拜，致使許多人至今仍被金手銬困擾，因為他們害怕一旦放棄所擁有的一切，去過平凡生活，就會遭到別人的冷嘲熱諷。不管是因為什麼，如果你想幫助成功人士解決與他們工作相關的問題，想讓他們承認自己的痛苦，最終只會徒勞無功。強迫他人接受千篇一律的幫助，等於沒有幫助。

真的可以隨便說「不爽就辭職」嗎？

消極安慰劑效應只是「千篇一律的諮詢治療」所產生的消極結果之一。另一方面的消極影響更加嚴重，它會誤導人們對自己喜愛的事物的理解：做那些事情，就沒法賺到錢。

這種千篇一律的治療方法，理論基礎還是很動聽的：當金錢刺激起不了作用，就用其他的回報方式來維持你的職業生涯。薩繆爾·克萊門斯（Samuel Clemens）以馬克·吐溫的筆名寫作，他曾寫道，「如果工作的內容都是被迫的……那玩樂的時候就要找自己喜歡的」。然而這一觀點存在明顯的漏洞：既然工作是不快樂的，為什麼還要從工作中尋找樂趣呢？何不放棄工作，從娛樂中找工作呢？事實上，生活並不是如此的。從根本上說，「放棄金錢，做自己喜歡的事情」存在三個基本錯誤：

1. 凡事過猶不及。對兒時興趣的過分追求，遲早會把人逼瘋。更糟的是，如果你把愛好當作一種追求的話，你會不由自主地受結果所左右。例如你喜歡做船模，如果你持續做了幾百條，會不會感到無聊？難道你希望做成一個艦隊嗎？這項遊戲什麼時候是個盡頭呢？所以說，生活是靠愛好來支撐，這個觀點是錯的。

2. 我有太多的責任要負擔，許多人因為對別人有太多的責任要盡而得了精疲力竭症。這種現象就是所謂的「強迫付出」──如果我放棄這個如金手銬般的工作，可能會對孩子造成傷害，所以繼續留在這份工作中，於是不得不透過一些極端行為來排遣心中苦悶，例如酗酒。既然受困於金手銬中與鬆開手銬一樣危險，職場人士的責任感會讓他們權衡目前狀況的利弊，最終──對自己也對他人──做出負責任的行為。

3. 有些人的工作就是愛好的延伸，他們不需要教科書來告訴他們這是一份多棒的工作。的確有人把自己的愛好轉化成職業，例如麥可．喬丹，還有著名的企業專欄作家喬治．威爾（George Will），他們的工作成果證明了他們確實可以藉由做自己喜歡的事賺錢。一旦這個條件成立後，獨立獲取心理滿足感輕而易舉。但是，哪怕在最理想的情況下，大部分人都無法像喬丹和威爾那樣，在愛好與工作之間獲得顯著的協同效果，更不用說還要在他人的指揮下做事。

以賺錢為動力不對嗎？

有些公司安排員工參加娛樂活動，以此來緩解工作引起的憂鬱，不過他們現在似乎已經理解，想要完全拋棄「以賺錢為動力」的心態是不可能的，因為它們是生活的基礎，而且也是合理的。安排娛樂活動的後果多是事倍功半。活動的策劃人覺得，如果在生活中提倡平衡，那麼員工在心理上可能會獲得多一點的好處：將工作和玩樂結合起來，也更接近佛洛伊德對心理健康的定義——愛和工作。

然而，這樣的做法往往事與願違。大多數參加這些活動的人都會遭遇一個問題，我稱之為聖代謬論（sundae fallacy）。你可以在一塊黏土上放上巧克力醬、奶油、堅果碎屑、M&M巧克力，以及任何你喜歡的配料，但你最終還是會吃到黏土。無論生活中的歡樂對你的整體心理表現有多麼大的影響，它們都無法解決或移除工作要應對的問題，這些問題是艱鉅的，也是不可避免的。它們既不能解決工作的枯燥乏味，也無法緩解工作帶來的憂鬱情緒，而這些令人生厭的工作，也是一個人職業生涯中重要的組成部分。

憤怒，的確是種錯誤，但不可避免

一旦你能夠看透聖代謬論的本質，以及其他對職業的扭曲理解，你就做到了重燃鬥志的第一步：「**勇於面對自己的問題，找到工作中引起你憤怒的事情。**」認為成功總是能使生活變得更好，是錯誤的；認為可以透過成功來治療精疲力竭症，也是完全錯誤的，無論是不是職業上的成功。

沒有學會如何控制憤怒的人，如果一味逃避，會引起比較嚴重的後果。如果你看到一個人一直很愉快——當他把興趣變成工作後，還能像孩子般開心——那他不是服了致幻劑，就是已經學會如何有效地控制憤怒。

大部分的人都很難把強烈的情感宣洩出來，尤其是憤怒的情感。這種表達障礙在一些反常的社會文化氛圍影響下會更嚴重。舉一個常見的例子，有一項運動原本意在改變工人的不公正待遇，卻意外引起社會各界對企業老板和管理層的抨擊，這種現象使得企業老板和管理層不敢在公開場合宣洩心中憤怒。許多尋求心理治療的公司高層都表示，他們不敢在工作場合表露內心強烈的情感，尤其是當這種情感包含了對下屬或基層同事的不滿情緒，他們害怕因此招致輿論抨擊。

如果採用合適的方式袒露心中的不滿，其實是可以提高團隊凝聚力和鼓舞士氣，這點暫且不說，光說壓抑憤怒的情緒，首先就會危害到自己的健康，繼而影響組織的良性運轉。[4]如果一心想根除話語上的憤怒，不妨想想佛學這句真言：「強壓怒火就像手中握著一塊燒紅的炭想要攻擊別人，其實，被燙傷的反而是自己。」

當倡議團體尋求消除公有事業中的競爭和缺失紀錄時，也會導致類似問題。降低競爭的激烈程度對原本就處於劣勢的人來說是有好處的，但很多活動的設計過於追求這個目的，試圖將所有的天賦、技巧、能力都同等化。有些社會活動的策劃者甚至想要阻止天賦出眾者的自我實現。他們試圖控制天賦異稟者的行為，因為他們認為傑出菁英們的卓越行為會損害其他普通人的心理健康。

在二〇〇〇年五月，據路透社報導，英國工會出版一本手冊，要求教師們停止讓學生玩搶椅子的遊戲，因為這個遊戲具有太多侵略性和過多的競爭性。這本手冊的作者蘇．芬奇解釋：「有一點點競爭是好事，但是搶椅子的競爭並不公平，因為總是最高最強壯的孩子贏得遊戲。」芬奇繼續解釋，「『一二三木頭人』的遊戲更好一些，因為每個人都有機會獲勝。」[5]

芬奇的論斷有好幾個地方都是錯誤的。首先，搶椅子遊戲中有許多取勝的方法，並不一定要靠蠻力。例如說，聰明的孩子就會隨著樂調慢慢走，有策略地搶到座位，這種方法比僅靠蠻力更有效。

其次，芬奇認為和搶椅子遊戲相比，「一二三木頭人」的遊戲更有好處。但是所有的孩子，無論是否身體強壯，都有一顆好動的心。像木頭人一樣停在原地，對很多學齡兒童而言是很令人沮喪的，心理學家都知道，沮喪才會導致行為的激進。

芬奇的第三個問題在於，她認為如果孩子成長在一個所有人都獲勝，或者更準確來說，是沒有人獲勝的環境中，對他們是有好處的。這個看法也是錯誤的，不利於培養健康的自尊。我們所處的世界不會保證每個人都有相同的回報和祝福，如果一個孩子能更早領悟到這一點，並學會以健康的心態處理它，那麼這個孩子的心理發展將會更健康。

壓抑情緒的危害

我之所以對芬奇的手冊印象深刻，是因為一件轟動社會的槍殺案，這起案件表現出來的侵略性似乎正是芬奇想要解決的。在二〇〇〇年五月二十六日，佛羅里達州萊克沃思中學一名十三歲的優秀學生，槍殺了一位受人愛戴的英語教師，這名三十五歲的教師同時是籃球教練，外號叫「捲毛」。根據當局說法，這名學生因為向別人丟水球所以被助理教練趕回家，並不是捲毛趕的。兩小時後，他拿著一把半自動手槍回來殺了老師。[6]

是什麼原因導致這名十三歲學生做出如此行為，我們不得而知。他可能因為被趕回家而感到羞恥和丟臉，也可能因為老師的批評過於嚴厲而心情低落。但是我們可以想像，在他開槍之前，心中一定充滿了孤獨、憤怒和痛苦。

我很好奇芬奇會如何看待這件事，這名十三歲的優秀學生並沒有表現出問題少年常有的問題（例如反主流文化組織或搖滾樂團成員，他們更容易出現暴力傾向）。這名學生明顯受過良好教育。這類優等生通常會按時做功課、努力學習、課堂上彬彬有禮。然而，在短短八小時內，這名學生參與了一個小小的惡作劇，之後進行槍殺。到底是怎麼回事呢？

服從與自我控制

我從未見過那位殺人凶手，無法確定是什麼原因激發他的暴力行為，但是我有理由相信，是這個孩子平日的模範行為產生了如此的結果：他失去了對情緒的控制。如果一個人被告知或他感覺某種情感是不好的，或者是錯誤的，他就會壓抑這種情感，但這種情感並不會憑空消失。相反地，它會存在潛意識中，一旦受到外界刺激，這種情感就會突然爆發。

就算這個不幸的孩子在知道槍是什麼之前地球上所有的槍都消失了，他還是會以一種不合適的方式把自己的敵對情緒表達出來，可能是扔一塊石頭或是打對方一拳，除非在他採取行動前，壓在他心底的情緒已經透過合適的方式疏導出來。

什麼樣的方式才能幫助這個孩子疏導壓抑已久的情緒呢？可以是接受心理治療，參與解決心理問題的訓練課程，或是引導他們去熱愛社會。總而言之，就是要引導孩子說出心中的憤怒，再加以適當輔導，就可以避免悲劇再現。

禁止反社會的行為，並不能使人們獲得真正的心理健康。透過強制的規則來使人循規蹈矩，只會讓人們對規則被動順從。在這種被強制的情況下，放棄做某件事並表示人們心裡不想做某件事。健康的人並不是透過強制來熱愛社會的，他們透過兩種方式來達到社會的期待：解決自己的反社會情緒、以及學會處理環境壓力。

試圖在學校或其他公共教育機構中取消具競爭和侵略性的活動，最終都會驚訝地發現：所謂的激進活動，實際上可以教會孩子們控制反社會的衝動，同時也可以建立他們的自尊。[7]練習武術就是很好的例子，例如空手道、拳擊和摔跤。很多人不知道的是，武術的練習需要遵從一定的規則，不恰當的過激或暴力行為會受到懲罰。不僅如此，想要只靠蠻力戰勝對手的選手（芬奇擔心的就是這點），往往會敗給武藝精湛的人。對訓練有素的拳擊手來說，憤怒是他們的大敵，這也是為什麼像拳擊和空手道這類運動中的高手，他們都會學習控制自己的憤怒情緒，這樣才能有更好的表現。

如果想消除世上可怕的侵略性行為，我們就會遇到亞里斯多德的名言提到的挑戰：在合適的時間，用合適的方式，以合適的理由，向合適的人發怒。亞里斯多德也說了，要做到這一點並不容易，不是每個人都能夠做到的。可以做到這些的人，他們都掌握了控制技巧，不論是受到挫折、失望還是痛苦，他們都能控制自己的情緒。用精神病學家卡爾．門寧格（Karl Menninger）的話來說，「『了解你自己』意味著知道自己內心深處的弱點在哪裡，同時也要知道應該如何應對它」。

精疲力竭症：壓抑憤怒的副產品

征服高山並沒有說明我們征服了內心的醜陋，社會名流和自戀狂已經一次又一次地向我們證明，獲得成功常常伴隨著巨大的心理代價。他們的心中常常充滿憤怒，他們認為，自己受到的愛戴來自於自己的成功，愛他們的人不過是愛他們的成功罷了，他們厭惡愛他們的人。這種憤怒僅僅是個開始。很多成功人士都落入浮士德式的交易，因為如果不那樣的話，他們必須根據亞里斯多德的名言來判斷，是否在合適的時間，用合適的方式，以合適的理由，向合適的人發怒。

一般來說，以上答案皆否。解決浮士德交易最簡單的方式就是聽從門寧格的建議：「了解你自己人性中最大的弱點。」人們之所以陷入浮士德式交易，是因為他們擔心如果沒有魔鬼的幫助，就無法得到理想的結果。當他們開始審視過往，意識到自己身處困局時，比起努力追求成功，更應該去找出讓他們屈從誘惑的心理病根。

大部分精疲力竭症都源自於對自身的憤怒。這可能是出於以下兩種原因：(1)意識到自己缺乏某種必要的技能，無法勝任某項工作；(2)感覺到自己被迫滿足別人強加在自己身上的期望，卻又無法找到解決方式，倍感挫敗。為了獲得職業生涯中的健康心理、克服精疲力竭症，你必須首先解決心理健康的最大阻礙：自我引導型憤怒（self-directed anger）。

我和道格初次見面時，他是洛杉磯最優秀的生意人之一，他第一次來我辦公室時，是一瘸一拐地走進來的，看起來像是剛經歷過一場險些致命的車禍。他脖子上戴的不是用來搭配布里歐尼高級西裝的愛馬仕領帶，而是頸托；他沒有提鱷魚皮的手提包，而是柱了根枴杖。一位神經科醫生推薦他來見我，這位醫生認為道格的病完全是心理問題所引起。

介紹他來的醫生告訴我，道格為人很親切，工作很傑出。這兩點都毋庸置疑。雖然擁有過人的智慧，道格卻堅決否認自己的問題是出在心理。在過去的十二年中，他都承受著一種無法忍受的疼痛，這位四十八歲的生意人已經拜訪不下二十位神經科的專家，也查過很多有關慢性疼痛的資料，甚至都可以去教課了。無論如何，他認為造成自己痛苦的生理原因遲早會被找到的。

他的疼痛從膝蓋蔓延到小腿，再到前腳掌，在了解道格腿部疼痛的位置不可能出現神經性問題後，我立刻開始研究這個症狀的深層含義。我假設道格的腿疼是典型的佛洛伊德病例，佛洛伊德最早是一名神經科醫生，但在治療了很多遭受「神經性」痛苦的病人後，卻發現他們的問題與生理原因無關，他離開這個領域，轉而進一步研究人的心理。佛洛伊德的一個經典案例是這樣的：一名多處癱瘓的女性，她癱瘓的原因卻並非是神經問題所導致。佛洛伊德最終發現，她癱瘓是源於想阻止自己潛意識中的性衝動，在二十世紀初的奧地利，這既是羞恥的，也是被禁止的。[8]

在我進一步了解道格之後，我決定告訴他我準備按照佛洛伊德的方法對他進行治療；我甚至還拿這個案例給他看。我告訴他我的假設：在他的腿疼中有被隱藏的情感，和大多數情況一樣，是沒有表達出來的憤怒。道格並不完全認同我的治療方案，雖然不太情願，但他還是談了關於憤怒的事。

道格回去後準備開始找尋症狀的深層原由，再次出現時他看上去像是要去法庭辯護的律師，他拖著行李箱到我辦公室來，裡面裝滿他兒時的收藏品。我問他這些都是什麼，他說：「你想找到我埋藏在心底的憤怒，所以我覺得可以從頭開始；這些東西或許能幫助我自由聯想。」我告訴他大部分病人都比較抗拒這種「心理考古」，容易產生抱怨，道格聽完笑了，用一種年長老師的語氣對我說：「史蒂芬，拜託！我現在的生活還能有什麼痛苦？我公司的獲利足足可以供養三個家庭，而且可以過得很寬裕；妻子和孩子都很愛我，我所在的社區也很尊重我。關於我的腿，如果你的佛洛伊德式心理衝突理論是正確的，那麼問題一定出在我年輕時，你說是嗎？」

在此之前，我都不知道道格的公司員工裡有他的親戚，當他無意中提到「三個家庭」時，我知道這中間一定有什麼。並不是說家族企業不能提供親戚們財富和支援，只能說這樣的情況並不常見。

事實證明，道格的公司還是難逃這樣的命運：我發現道格很鄙視為他工作的兩個姐夫。儘管他的公司確實經營得很好，道格還是十分怨恨來自姐姐們的壓力，迫使他讓兩位他認為「一無是處」的姐夫在自己公司工作。不幸的是，由於這種長期的壓力，道格沒有或者說無法表達出對姐夫的不滿之情。

道格的一個姐姐一時興起，要飛來紐約看美國網球公開賽。之前，道格的兩個姐夫請假都有充足的理由並提前申請。姐姐和姐夫是眾所周知的網球迷，加上這次公開賽的座位是一位VIP因無法前往而讓給他們的，因此這次，由於姐姐的要求，姐夫打電話給道格說第二天就要飛去紐約，畢竟這個機會「無法錯過」。這件事讓道格勃然大怒。

這件事恰巧發生在道格與我約好見面的兩個小時前。在我們談話的前二十分鐘內，道格爆發出極大的憤怒，就像已經堅守十年的大壩突然倒塌。當我察覺他的情緒正逐漸穩定下來後，我直接問他：「現在你的腿感覺怎麼樣？」道格露出震驚的表情，他看看我，揉了揉自己膝蓋和小腿，又看著我說：「消失了……疼痛消失了。」

雖然幾小時後他再次感到疼痛，而且在此後的兩年間還是如此。自從那次談話後，我對道格的治療就分成兩方面：一方面是幫他想辦法如何在不失顏面的情況下，以適當方式讓兩位姐夫離開公司，另一方面是找出為何他無法直接處理憤怒的原因。要治癒道格並不容易，但我們正朝穩定的方向進展。後來，道格的問題得以解決的一個關鍵因素在於，道格回憶起每當他父親對他發火時，都會威脅他要「用力踹他的屁股」，並且有幾次，父親真的說到做到。從這裡可以看出，道格的父親是一個既挑剔又苛刻的人，吝嗇又無情。

自從道格可以自如地談論多年來埋在心底對父親的不滿，也意識到自己一直都很害怕會成為父親那樣的人。很快地，道格還意識到，每當他感覺自己對別人表現出不滿的態度、並讓他聯想到父親的行為時——例如想要猛踹某人一腳的衝動——他就會不自覺地反抗這種感覺。道格愛他的父親，也很尊敬他，所以道格會因為「父親在世時沒有感激並學會愛他」而責備自己。

為了處理與父親的複雜情緒，道格為自己的自私或苛刻的行為做出過度補償。具體來說，他變成一個過於慷慨的人，無法對自己討厭的人表現出不滿。他對於這種過償行為的初步抵抗，源自羞於承認自己有多麼軟弱：「我很懦弱，沒有告訴父親我的感受，他並不是有意要傷害別人的。」幸運的是，當道格能夠說出自己的羞愧以及對父親矛盾的情感後，他逐漸能以尊重自己也尊重對方的方式來面對自己不喜歡的人。

最終他得以扔掉枴杖。

誰是你的主人？

幾乎所有的心理學理論都基於一個同樣的假設：童年經歷的卑微和無助將塑造我們的人格，影響我們一生。一些理論認為，我們幼時相對於擁有掌控地位的父母和哥哥姐姐，會有更深的卑微體驗，這種體驗有可能會使我們健康成長，也有可能會讓我們遭受磨難；[9]還有一些理論認為，我們長大會成為什麼樣的人，取決於我們如何控制來自童年的欲望——例如想要控制某人或某個事物的強烈情緒。[10]沒有哪種理論是完美的，但是它們都承認一個基本的事實：當人生剛開始的時候，如果能朝著好的自我效能去發展，那麼成長過程中的掙扎會相對較低。

嬰幼兒更容易感受到羞恥感，而不容易獲得滿足或驕傲的情緒，這樣說來，成年後的我們總是致力於提升自我能力也就不難理解了。每個人青年期總是伴隨著自我懷疑和羞恥感成長，對於自己能否掌控世界充滿了焦慮、憤怒和失望等情緒。正如馬克·吐溫所說「這種情緒可以被稱為『主人情緒』，是一種對個人肯定的渴求」，這是一種深藏於內心的複雜情緒。

實際上，我們把太多時間花在獲取自我肯定上，這個事實可以解釋為何許多人在成年後為了達到成功而費盡心力。可以說，我們之所以對成功的盲目崇拜，是我們急需用成功來獲得自我肯定，以抹去內心的不足、無能和屈辱等情緒，而這一切都源於幼年記憶中的羞恥和無助。因尋求自我肯定而產生主人情緒並無不可，但是要注意程度，如果讓其掌控我們的人生，就不妙了。

避免自責

愛比克泰德是個自學成才的哲學家，對於那些被自我肯定欲望所控制的人，他非常反感；他更加反感那些表面、拒絕承認失敗的人，以及自我設限或妄想地位與成功的人；尤其討厭那些虛偽狡詐、傲慢無禮、冷漠無情的成功人士，因為他們實際上是懦弱的，不敢承認自己的缺陷，只有藉由表面的成功來掩飾。從這一點來說，愛比克泰德看透人類重燃鬥志的障礙所在：無法面對真實的自己，永遠戴著面具做個假人，缺乏自我肯定。而正確認識自我是解決他們心理問題的關鍵：

讓那些即將發生的事自然而然地發生。無論是痛苦還是快樂，光榮還是恥辱，都需要直接面對，把這當成一場沒有退路的戰爭或奧林匹克運動會。如果失敗了，說明你能力不足；如果勝利了，就說明能力足夠。這也是蘇格拉底的做人原則，他透過每一件事情來發展自我，不被任何事情打攪，除非是事實或者理由。儘管你現在還沒有成為蘇格拉底，但你應該往這個方向努力。[11]

愛比克泰德還認為：「那些注定要被上帝毀滅的，都是為權力著魔的人。」主動稱讚和宣揚自己能力的人，實際上虛弱不堪，不敢正視自己內心深處的情緒，不敢承認自己的醜陋行為不過是在宣洩內心的痛苦。我經常向憤怒的病人引述富蘭克林的一句名言：「空的桶發出的噪音最大。」如果你對自己的能力有充足自信，你就不必用發怒來維持自己的權威。你可以穩穩地走路，因為你知道自己有一根無形的枴杖。

過於憤怒的表現會阻礙心理治療師或企業教練解讀和分析一個人的自責情緒。不幸的是，我們的文化氛圍允許成功人士自由發火。對特別成功的人來說，他們不需要克制自己的憤怒。更糟糕的是，這樣的社會氛圍使得成功人士更無法從內心分析：到底是什麼讓他們發怒、受傷，或痛苦。作家詹姆士·鮑德溫（James Baldwin）發現一種和憤怒很像的情緒，「我猜想人們如此固執地堅持自己的憎惡情緒，是因為一旦憎惡情緒消失了，他們將被迫面對自己的痛苦。」

珍在一家市值數十億美元的跨國農業綜合公司工作，在健康食品部擔任總裁和CEO。我被聘請去幫助她處理和下屬經理們的關係，該公司營運總監（聘請我的人）和我說，珍的部門「總是留不住員工」。珍所在的部門成立僅僅兩年，但公司對她和她的產品線報有很大的期望，因為她手上有熱銷的產品，可以滿足飛速增長的市場需求，他們的目標消費群是中年人，這些人喜歡購買能讓自己恢復青春活力的產品。

珍的整個職業生涯都在銷售大眾食品，而且做得很出色。她是一個高挑、幹練的女性，長得還有點像某位知名電影明星，但是她更重視工作中個人特質的發展，而非外貌。她對自己的銷售技巧非常驕傲，深信如果堅持自己的追求，一定能獲得成功的職涯。這也是為什麼當公司讓她負責最新成立的部門時，她會感到受寵若驚。珍的升職經歷了不小的波動，她和其他五位副總裁，還有一位CEO，同時被總部委任建立一個新的分公司，負責特殊食品。雖然新部門的早期發展非常順利，但不久就發生變故，公司唯一的競爭對手挖走了新部門的CEO、COO以及市場總監。為了儘快重組管理層，珍被任命為最高領導人，大家都認為她是把公司新產品賣出去的最好人選。珍也抓住這次機會。她一上任就為產品取了好名字，上任不到九個月，她的部門就開始獲利。

然而珍卻無法平靜地面對成功。在這個職位工作未滿一年，她的直屬上級就收到十多份她旗下副總裁們的投訴信，投訴她在公眾場合輕視、辱罵甚至是嚴重威脅屬下。珍經常不顧禁菸標誌，自顧自地在辦公室抽菸，有一次，一位同事指出她的市場計畫太短視，她直接抓起裝滿菸蒂的煙灰缸朝那位同事扔過去。這場鬧劇之後，我就被請來了。

每當我第一次和病人見面時，我是說作為一名教練或者說心理醫生，我總會對病人的心理狀況做全面的評估。但在我研究珍的情況後，我竟一時無法得知她的憤怒究竟從何而來。像我們一樣，她的生活中也有波折，但是並沒有一項是特別的：沒有精神創傷，沒有傷害，也沒有一直責備她的父母。我向珍建議，我想對她直接帶領的同事做一份調查，看看他們對她的感覺是什麼樣。她毫不猶豫地同意了。

辦公室裡每一位副總裁都用「盛氣凌人」來描述珍。除此之外，儘管大家都認同她的銷售能力，但幾乎都不認為她能夠管理好一個團隊；有些人認為珍長期承受的壓力可能是導致她行為失控的原因。然而我仍然不明白，一年來，分公司的一切都在她的掌控中，她為何越來越暴躁？

我把最後希望寄託在和珍的業務部員工的談話上，期盼能從中找出珍的問題所在。有一位女業務員在大學時就認識珍，我希望她可以透露一些有用的訊息，她確實做到了，雖然她自己可能沒有察覺到。她開玩笑地說，如果珍是一名男性，可能早就成為一名牧師了，她人真的很好。這位老朋友還說：「你知道，珍很有天賦，她總是能點石成金，就像她這次成功推廣新產品一樣。之前在芝加哥，我和珍、還有一個競爭對手公司的朋友一起喝茶，他建議我們說：『既然你們在推廣健康食品，為什麼不用早餐食品的名稱來命名呢？很多人都喜歡這樣的名字。』」

正如我之前所說，對於從天而降的成功，很少有人能坦然接受而不產生心理創傷。當我得知珍並不是真正幫部門獲利的人——或者說，鞏固她成為部門總裁的功勞來自他人——我懷疑她可能在與內心的愧疚感做征戰，珍覺得是自己偷竊了這個為她帶來好運的創意，也可能她害怕自己最後像個騙子一樣被揭穿。

在接下來的會面中，我把我的發現直截了當地告訴珍。她的反應是尖叫：「如果你敢公開這件事，我就讓你不好過。」我發誓說我不會，但珍大聲吵鬧了一個小時，指責我「要毀掉她的職業生涯，還要搭上她的整個部門」。她用盡所能想得到的每個詞來侮辱我，然後開始大哭。而我的回應是大笑，雖然不合常理但是很有效。

「妳有沒有聽過一句話叫『重要的不是你得到什麼，而是你對它做了什麼』。妳真覺得，每一個好點子都是自己想出來的人才算得上是稱職的高階主管嗎？《財星》五百大企業中有多少CEO是公司的創立者呢？」我快速念出一連串新上任的CEO名字，他們都是華爾街的寵兒，憑自己的能力挽救即將倒閉的企業，這時，珍的怒氣才開始慢慢退散。

在之後的三個月中，我和珍把重點放在她對這個好點子的態度上。我得知珍一直為「自我懷疑」而困擾，用她的話說，「我所做的一切都只是大肆炒作，我沒有創造出任何東西。我長得漂亮，又能說會道，所以男性都關注我。真正的領導者是靠大腦說話的，但我不是。我生氣的是這一點」。

我可能永遠無法明白為什麼珍會認為「真正的領導者是靠大腦說話的」，儘管這句話很常見，但它並不正確。我接下來進行的就是把指導和認知治療結合起來，重點在於，將她從這種錯誤的理念中解脫出來，並幫助她理解什麼樣的行為會激怒她並讓她攻擊同事。在這過程中我發現，珍對同事說出的每一句羞辱和責罵都是出於她的自我引導型憤怒。在我們的治療中，對珍來說最重要的一點就是，她了解到，只要有一點點關於她「不夠聰明」的暗示，都會成為她情緒失控的導火線。同樣地，如果別人都把成功的功勞歸到她身上，她也會感到惱怒，因為這會再次讓她覺得自己只不過是運氣好而已，並不是本身能力出眾。但是治療的關鍵在於，讓珍能夠接受自己展現出來的形象：一名傑出的業務人員，只要堅持自己的信念，就會獲得成功。

我幫助珍認識到：優秀的管理技能包括很多東西，當然也包括業務人員出色的行為策略。我向珍解釋說，如果她認為自己的成績只在於推廣那個靠他人創意而來的產品，那麼，當團隊陷於崩潰時，她撐住局面把一群忐忑不安的成員團結組成一個團隊，作為如此極具效能的經理人、總裁，她其實有很多值得誇耀的成功。

釋放情緒

過去的成功經驗所產生的預期心理，都會變成下一次表現時的壓力。預期中的無限潛力或自己必然會成功的想法，都會喚起強烈的憤怒感，並加速一連串的心理失衡。我們必須明白：懊惱，或者更準確地說，覺得自己無能為力的憤怒感，都只是為了保護「自己不夠好」的事實，這會讓自己距離健康的情緒越來越遠，而正是健康的情緒，才能幫助人們克服精疲力竭症。正如亞里斯多德所說：選擇在合適的時候，向合適的人，為了合適的事情，以合適的方式發怒，這並不是一件容易做到的事，也不是每個人都能做得到。但是，只有透過恰當的方式，把憤怒疏導、宣洩出來，才能儘快從心理失衡的心理痛苦中解脫出來。

不擇手段的努力是為了誰？

這裡有一個由憤怒引發自毀行為的例子，悲劇的主角是派翠克，他是一個天資平庸但擁有非凡魅力的人，從汽車業務員一路做到汽車製造公司的高階主管，而且這家公司是美國三大汽車製造商之一，位居《財星》一百大。派翠克的成功完全是偶然，實際上，他之所以選擇汽車銷售這一行，全是出於無奈，因為他的學業成績太糟糕。有鑑於此，他練就一副好口才，他知道未來的人生就要靠口才打天下，他的叔叔是美國最大汽車連鎖店之一的老板，他運用這個優勢，在畢業後就開始了賣車生涯。

在為叔叔工作的十五年中，派翠克有傑出的銷售業績。終於，他出眾的銷售技巧引起他所負責的汽車品牌注意，於是他被請到底特律做銷售主管。派翠克和他的叔叔都認為這是霍瑞修·愛爾傑筆下故事的現實版，事實上這更像是《陰陽魔界》（*The Twilight Zone*）。

雖然派翠克的銷售能力最為出眾，但要管理好與他能力差不多的人絕非易事。我相信在他搬去底特律之前的幾週裡，派翠克一定顧慮重重。為了不向賣車的下等生活妥協，不想被人嘲笑，派翠克最終選擇過上《財星》一百大企業的生活。他最大的支持者就是自助類管理書籍以及傑克丹尼威士忌。

在派翠克第一次參加公司活動時，他就喝醉了，大嚷著要揍一位區經理，在這件事情之後，他的公司就來找我了。聘用我的人力資源總監認為，派翠克是個自我設限型的酗酒者。但其實他並不是。我找來二十多位派翠克的下屬談話，發現他不僅在喝醉時會發脾氣，在面對機會的時候也會發脾氣。除此之外，他的敵意通常都是針對那些表現出競爭力的同事，或者說，更聰明的同事。派翠克的工作方式是和他手下的經理們一對一談話，聽取他們的想法，盜取他們的創意，並在團隊會議上痛斥他們。一開始很多人認為，派翠克的憤怒只是為了達到銷售業績的激動表現。不幸的是，派翠克在底特律任職的最初兩年中，原本抱有雄心壯志的公司就已經損失五位最有才華的管理人員了。

我和派翠克合作六個月之久。幫助他控制飲酒很簡單，但要控制他的憤怒就比較困難了。儘管他最後多少能了解為何會覺得同事對他有威脅，他稱同事們為「常春藤大學的混蛋」，但他還是無法充分理解自卑是如何導致這些情緒的爆發。過程中，我們得到最接近成功治療的突破點，是我們談到他求學時在學業上的不正當行為。

在我和派翠克坦率的交流中，他坦言，大學時曾經買過幾次論文，大部分考試都作弊，還經常付錢請朋友幫他寫作業。並且他還承認，成為一名高階主管後，最讓他感受到威脅的是管理而不是銷售，這讓他再次想起塵封已久的大學往事，自己曾經是個「學業小偷」。關鍵在於，他覺得要從下屬那裡偷來創意才能成功。

我從派翠克身上獲知的最重要事情，就是他在很久以前就開始在學業上作弊，很遺憾，我無法充分運用這件事幫助他。派翠克不願透露作弊的細節，不過他承認自己一直都很痛恨學校，但他很樂意用優異的成績來撫慰身為高中數學老師的母親。派翠克最難忘的一次童年記憶就是，當他的學期測驗考壞時，不得不硬著頭皮讓母親在試卷上簽名，由此引發了嚴重後果。母親看到試卷上的F（不及格）時，派翠克擔心的訓斥並沒有發生。事實上，派翠克不但沒有受到責罵，反而是母親歇斯底里地大哭「我可憐的孩子」，最後還是他去安慰傷心欲絕的母親。

從那以後，派翠克就發誓不讓母親再受到那樣的折磨。但是，他沒有透過努力來獲得好成績，而是採取了一個又一個的狡猾手段。我認為，他為母親逼迫他做好「自己不喜歡的事情」而感到憤怒。而且為了取悅母親，他讓自己永遠得不到解脫。

為什麼不能與下屬有好關係，我給他的解釋是：他把對自己和母親的憤怒宣洩到他所嫉妒的人身上，因為那些人的智慧和才能不是靠欺騙得來的。我試圖讓他理解，他對自己的輕視以及對所愛的母親的憤怒，使他永遠無法達到在大公司生存的基本條件：與同事相互合作。我警告他，那些自助類書籍只會加重他的心理問題。我一再提醒他，除非他願意承認自己是個騙子，否則他在底特律的職業生涯將會走下坡，但他仍然一意孤行。在那次談話後的四個月，派翠克中止了與我的諮商。一年後，他前妻寫信告訴我，派翠克回到他叔叔的車行，又開始酗酒了。

忠於自己

把派翠克的失敗歸結於自卑和自我欺騙好像並不嚴謹。莎士比亞在《哈姆雷特》的第一幕有一段非常精采的文字，描述了只有拋棄自我欺騙，才能獲得健康的真正成功：

> 最重要者：萬勿自欺，如此，就像夜之將隨日，你也不會欺將於他人。

有精疲力竭症的人很容易在面對他人時變得虛偽，因為在許多人看來，你成功與否取決於別人是否認同你。自從有了這種社會風氣：「為了能與他人和諧相處，需要做出一定的妥協。」尋求成功的人便有兩種選擇：他們必須默許這套社會標準、或必須能夠勇敢做自己。

溫斯頓．邱吉爾是歷史上最偉大的領袖之一，他就是一個敢於對社會風氣說「不」的人。透過嚴格的自我評價，他做到思想的絕對獨立。邱吉爾在二戰中的一位參謀長說，邱吉爾曾經說過，「每天晚上，我都會在內心給自己開一個軍事法庭，審視自己白天是否做了有意義的事。我並不是裝裝樣子，我是真的想去做真正有意義的事」。[12] 如果你也像邱吉爾一樣對自己嚴格要求，你就不會為了想得到社會認同就不敢挑戰社會標準。

不幸的是，多數人更依賴地位甚於自我評價，而且會參考社會地位中的多種能力指標和心理學的大量方法，用來評定成功。這樣的規範標準更進而創造出潮流和地位象徵。這種對世俗成功標準的妥協甚至影響到奧運會的比賽，例如在滑冰、體操、跳水等需要裁判根據運動員表現評分的項目中，運動員會根據裁判的喜好來表現，成功與否完全取決於是否達到轉瞬即逝、投其所好的標準。

舉個例子，如果一個花式滑冰選手決定要保持自己高難度的華麗風格，他就可能因為不按常理出牌的行為，失去本來可以得到的獎牌。然而，如果他屈從於裁判的喜好而調整自己的動作，那他的職業生涯可能就會缺少熱情，肯定不如他瀟灑地說一句，「去他媽的投其所好，我就要按我的方式來滑」。如果他選擇違背自己的內心獲得了獎牌，無疑會賺到更多錢，也會有更多電視節目邀請他。但是違背內心的行為，遲早會讓他感覺自己好像只是為了錢而滑冰。像邱吉爾這樣的人，永遠不會遭受如此的命運。事實上，只有透過心靈深處的自我評價，如同在軍事法庭上對自己進行公證的審判，你才能獲得真正的自由。

亞瑟·米勒（Arthur Miller）是一位劇作家，像莎士比亞一樣，他也注意到藉由正視自我可以獲得自我尊重，他認為：「正確的自我認知是人生最重要的部分，唯有如此，你才能尊重自我。」[13]顯然，派翠克永遠無法成為自己尊重的那個人。我們可以把派翠克與葛斯納做比對，葛斯納在ＩＢＭ時期非常成功。除了他的管理技巧，葛斯納的成功要歸功於他能正視自己、拒絕活在謊言中。在入主ＩＢＭ之前，葛斯納在全球最大的餅乾公司納貝斯克集團也很成功。來到ＩＢＭ之後，他沒有像派翠克在底特律那樣虛張聲勢、自我防禦，他承認對自己現處產業的技術領域知之甚少……甚至可以說一竅不通。但是，葛斯納給予技術人員充分的信任和權力，他則專注在自己擅長的領域：制定有效的市場計畫、銷售、配送、商品服務。

在職場上，承認自己的弱項，就做到了莎士比亞說的「正視自我」，這是引導自我檢視和接受自我的前提。如果你深知自己有致命的缺陷，卻拒絕承認，整日哀嘆命運，你就永遠沒有機會彌補這個弱點。派翠克因為自己的不足而滿懷仇恨，葛斯納卻因為坦然承認自我而成功；派翠克用防禦性很強的憤怒來掩飾內心的痛苦，而葛斯納透過接受和處理好自己的「弱勢」，避免了自我導向的痛苦。

喚起你的熱情

對職場人士來說，沒有什麼事情比「從成功但自己不喜歡的工作中全身而退」更加困難了。精疲力竭症的受害者們並不會對工作失去熱情，因為他們的需求是永無止境的。他們都是或即將成為行為主義者，他們否認需要得到心理滿足，他們的眼光總是盯在錯誤的地方。

康妮就是這樣一位把目光緊盯在成功上的人，她聘請我為她的公司找一位新CEO，幫助他適應這份新工作，並且「看看新公司的規劃有沒有什麼遺漏之處」。

所謂的新規劃就是康妮決定離開她一手創立的網路公司，並成為「創業孵化器」的合夥人，這個業務在一九九〇年代中後期的矽谷正開始快速增長。正如她一開始告訴我的，她的目標就是：「讓我的錢為我服務，而我自己可以享受生活，也能扶植一些小企業成長。」

康妮是每個企業經理人都渴望遇到的人，她非常開誠布公，沒有經歷什麼危機，也願意在公司策略計畫和個人發展方面為他人提供幫助，不會僅僅是做些補救的工作。當我認識康妮時她三十四歲，畢業於加州大學伯克萊分校，有學士和MBA學位，同時擁有電腦和社會學的雙碩士學位。她完美地把自己多方面的知識融合在一起：她既不是一個電腦專家，也不是一個社會改革者。相反，她對社會現狀非常了解，具有高度的社會責任感，她在三十三歲時賺到兩千萬美元，此後她沒有選擇繼續經營公司，而是希望運用自己在矽谷工作十五年所獲得的技能和見識，來幫助有前途的年輕人和產品。

一開始，我和康妮的合作非常順利，我的一個朋友願意幫她找到合適的接替者，康妮的孵化器業務也進展得很順利。然而，當我和康妮談到她的個人生活時——我對接受諮商的每個人都會問的問題，康妮有點不想細談，她滿不在乎地說：「如果你認識什麼五十歲以下的單身男性，也不是技術宅的話，就介紹給我吧。」當我建議再多聊一些她生活的內容時，她打斷我的話表示，如果遇到困難會再打電話給我。大約一年後，康妮來到洛杉磯，和我談了她的私生活。

世界上有兩種人，一種人認為年齡只不過是數字而已，另一種人到了一定歲數就開始恐慌。康妮屬於後者。在我們再次見面後的一個月，康妮為自己舉辦了三十五歲的生日派對，在派對中發生了一件事。她最親近的十幾個朋友聚在一起想給她一個驚喜，但喝酒慶祝僅僅幾小時後，她變得意志消沉。她懇求別人載她回家，在接下來的兩週內，她都躲在床上哭泣。

當我第二次與康妮合作時，我告訴康妮，我必須要重新了解她和她的家庭往事。我只是提到「家庭」這個詞，她就開始啜泣。平靜下來後，她說的第一句話就是：「我從來不想要家庭，這不是我命中注定的。」從嬰兒時起，康妮就在孤兒院長大。她母親來自越南胡志明市，在酒吧工作，也不願意撫養這個黑人和亞洲人混血的女孩，社會對混血兒童也充滿歧視。

當我得知康妮的童年生活後，我立刻明白為何她在和我首次見面時不願意談論個人生活，她明顯承受了嚴重的心理創傷，並且已經持續長達二十五年之久。她對童年僅存的回憶就是父親是一名美國士兵，母親懷孕時還是未成年少女。康妮十歲時，她被一對越南裔的獸醫夫婦收養，並在舊金山長大，養父母給她不輸於同齡孩子的愛和關懷。

舊金山是個開明自由的城市，她的混血身分沒有遭到什麼非議。康妮個子高，長得又漂亮，還擅長運動，更不用說她過人的智慧了，在學會英語並習慣新家庭生活後（她還有兩個兄弟，也是從越南孤兒院收養來的），康妮並沒有感受到社會的排斥。然而她明顯感覺到自己無法融入任何組織。她告訴我：「如果你理解我的意思，我一直都是個『明星』，但從來不是人群中的一員。我知道很多人喜歡我，但出於某些原因我感覺不到。我的整個職業生涯都不斷在重覆：因為做過的事所以受到關注，而非僅僅因為我是康妮。」

又過了幾週，我了解到，儘管康妮很享受性生活，但她從未長時間地談過戀愛。她對戀愛的看法是：「看，身邊有個男性一起走著感覺真好，尤其是長得好看的。問題是，我腦海中一直有個聲音在告訴我，『不要陷得太深』。」我提醒她，當我們在第一次談話結束後，她是如何和我道別（請我介紹合適的男士給她），她點點頭，「你要裝作在尋找下一段感情，不然人們會覺得你不正常。」

這次談話給了我一個完美的契機來幫助康妮分析她目前的狀況：「有沒有可能，妳在創造孵化器的時候，有從中找到建立家庭的感覺嗎？這樣可以幫妳從建立真實家庭的衝突中解脫出來。」她同意了，並承認第一次拒絕我詢問她社交生活時，他已經感覺到似乎無法再迴避了。

幾週後，我發現我可以藉由挖掘康妮的商業才華，來幫助她打破建立親密關係的障礙。我的計畫是，讓她在不放棄孵化器事業的前提下，再找一種可以讓她充滿熱情的工作。我提議：「我們一直做的就是讓你全心熱愛某樣事物。自從讀中學起，你從未心理失控過。有什麼事能讓你全心投入去做的呢？」她立刻回答：「孤兒。」

三週後，康妮暫停了我們的心理治療，並把全部時間用來成立一個國際性的機構，這個機構旨在幫助孤兒尋找美國收養家庭。不出我所料，她已經全心投入這個計畫。當這個機構已經不再需要她全職投入後，她又回來繼續我們的心理治療，這次她已經可以體會到愛和承諾，並稱這種感受為「真實地沉浸在自己的世界中」。除此之外，康妮對工作的熱愛也讓她在感情方面有了收穫：在我寫完這本書時，康妮已經和男朋友在一起半年了，並稱他為「一生的摯愛」。

六十分鐘療法

《60分鐘》（*60 Minutes*，美國知名訪談節目）我已經看很多年了，從中得到一個結論：如果細究節目中最精采段落中的人物動機，就可以找到幫助所有人重燃鬥志的方法。我將它稱為六十分鐘療法，就是在六十分鐘內用自己的靈感來找到解決方法。很多人都沒有意識到，在他們的精神世界中其實也擁有自己的六十分鐘故事。這也是這個節目最吸引人的地方：一個小人物只靠熱情也可以改變世界。同樣的，你又怎麼看待反誹謗聯盟（Anti-Defamation League）、美國有色人種促進會（National Association for the Advancement of Colored People, NAACP）、愛滋病解放力量聯盟（AIDS Coalition to Unleash Power, ACT UP）、媽媽反對酒駕聯盟（Mothers Against Drunk Driving, MADD），或是巴里．舍克（Barry Scheck，美國著名律師）為死刑犯做ＤＮＡ化驗等等，這一系列組織的行動呢？

很多人都會經歷中年危機，當他們對一份不錯的職業感到疲倦，或是對於能燃起他們熱情的工作反而感到恐懼時，就應該意識到：生活中缺乏熱忱，一種不摻雜質、純粹的熱情。但是「金手銬」和對他人的責任感（通常還有名聲的問題）讓大多數職場人士都覺得，超過二十五歲後只因為枯燥乏味就換工作是不負責任的行為。然而事實並非如此。如果你痛恨世界上的錯誤和不公，那就去與之抗爭吧。就像亞里斯多德說的：學會在合適的時間，以合適的理由，用合適的方式，對合適的人發怒。

當我提到可以考慮用六十分鐘療法來緩解各種職場引起的不適時，通常會有兩種反駁意見。一種意見認為他們已經年紀偏大，不適合重新再來。這個理由是站不住腳的。不久的未來，人們可能會一直工作到七十歲。不僅如此，就像康妮一樣，很多承受精疲力竭症的人其實工作收入都頗豐厚，對他們來說追求業餘時間的興趣愛好並不會有經濟上的困難。即使這些都是不確定因素，但不去追求一個能喚起你熱情的業餘愛好，甚至會比維持現狀更糟糕。如果你一直感覺被困在目前的工作中，遲早你會從中解脫出來。那時你會發現，要是能夠早點重視追求心理的滿足感，人生道路會輕鬆得多。

第二種意見就有點推卸責任的意思了。很多害怕六十分鐘療法的人都認為，在重新調整職業的道路上，它只是「有錢任性」的方式，但事實並非如此。以下幾點是我多年來得出的結論：

1. 六十分鐘療法是建立在憤怒、痛苦或輕視的基礎上，而非基於人們心中所愛的行動。長時間做自己喜歡的事可以讓人產生自我陶醉，感受傳承創新的樂趣。同理，六十分鐘療法源自於對社會中一些錯誤現象的反抗，也是一種傳承。當巴里．舍克為感到不公正的死刑判決做努力抗爭時，很明顯地，成功的結果可以產生極大的滿足感。每一個如願以償的人都能感受到自尊的急劇增強。但如果舍克是為一個被誤判的人辯護，他的目標是改善司法和社會公正。當他為辛普森辯護時（著名的辛普森殺妻案），他要為已經百口莫辯的囚犯做出最大努力，但這同時也是在為家庭賺錢。舍克把六十分鐘療法和收入不菲的職業巧妙地結合在一起，從傳承創新中獲得物質和心理上的雙重滿足。

2. 劇作家蕭伯納勇敢放棄了一份成功的職業，因為這份工作無法讓他得到心理回報，他曾說過，「人生中真正的快樂是因為有意義的事而存在的……它是一種自然的力量，無止境地抱怨無法讓你獲得快樂」[14]。這一點和我們談到傳承時提到的一樣，可以幫助你在工作中延續熱情。如果你對自己所從事的工作有極大的尊重，而不沉醉於成功的瞬間陶醉，那麼你得到的不會是痛苦的短暫解脫，會是恆久的精神滿足。太多人都將「只要做自己喜歡的事，金錢會隨之而來」這句話誤解成美國越戰時期常說的「如果感覺好，那就去做吧」。這種感覺只是自戀，並不是以熱情為燃料來展現天賦與傳承而得到精神滿足。

3. 適當地表達憤怒的情緒可以讓人感到更自由。說出「這就是我，這就是我的感受，我的信念」後，你就可以從旁觀者的目光束縛中解脫出來，在前文中也多次提到，這樣的束縛會產生很多負面效應。不僅如此，誠實面對自己的情緒，你就不必太過在意旁人眼光。重要的是，展現熱情就能獲得令人滿意且具傳承創新的結果。

在希臘神話中，普羅米修斯希望確保人類的地位要高於其他動物，這是他敢於挑戰宙斯，從奧林帕斯山偷取火種，並將其視作保障人類生存和高尚的證明。我把普羅米修斯的火種看作是維持心理發展和自力更生的力量。普羅米修斯的饋贈對人類非常有效，每個獲得成功的人都曾用這樣的「火種」開啟自己的職業生涯。

我很喜歡一句名言，這句名言也讓我堅信人類一定能戰勝精疲力竭症，就是佛里德里希·尼采（Friedrich Nietzsche）說的：「只有當一個人了解其人生的意義後，他才會明白應該要如何去做。」[15]尼采的意思是，要找到自己內心最純粹的動力，也就是我說的熱情。這種動力是所有自我實現的基礎，也是讓人重燃鬥志的希望。

問自己「怎麼做」意味著：我們需要接受旁觀者對自己行為的判斷、評價、排名以及肯定。而問「為什麼」才能使我們從旁人的眼光中解脫出來，並專注在我們不顧一切追求的目標上。如此一來，無形中我們也在為社會做出貢獻。這些貢獻可能會帶來榮譽，也可能導致和普羅米修斯一樣悲慘的命運，但無論如何，它們都是有意義的。如果你有像尼采那樣的目標，內心的動力就會永不枯竭，只要正確展現自己的熱情，一定可以重燃鬥志。

致謝

感謝喬恩・卡普（Jon Karp）對本書提出的寶貴意見，長期以來，他一直給予我鼓勵和支持，並且極富洞察力地指出我的不足之處。我找不到比他更好的編輯了。傑夫・西格林（Jeff Seglin）是對我的寫作事業最盡責的人，本書從創作大綱到第二遍修改，他給予我無微不至的幫助。從我為《*Inc.*》雜誌寫專欄開始，他就是我的編輯，也一直是我的良師益友。

在這裡，我還要感謝幾位讀過書稿並提出寶貴建議的人。我要特別感謝席斯克（A. J. Sisk），他勞心費神幫我完成開頭的部分；賈奈爾・杜伊爾（Janelle Duryea）為書稿做初審，大大提升本書的品質，我還要謝謝她每次都熱情而幽默地回答我的每個問題；吉姆・卡塞拉（Jim Casella）為初稿提出許多獨到見解，並在其他方面提供許多寶貴資源；我還要感謝伊瑟・格林格拉斯（Esther Greenglass）提供很多女性心理學方面的資料。還有艾希莉・梅威（Ashley Mevi），在我搬到洛杉磯後，提供研究上極大的支持。

還有很多人雖然對本書內容沒有直接貢獻，但在我完成書稿的過程中都給了我很多有益的幫助。在截稿之前，當我絞盡腦汁修改書稿時，他們屢屢幫我度過難關。我要感謝艾爾佛雷德・奧斯本（Alfred E. Osborne）博士，給予我在加州大學洛杉磯分校哈羅德・普萊斯中心任教的機會。正因艾爾為我做的一切，使我對研究和教學充滿了前所未有的熱情。雪倫（Sharon）和道格・布萊納（Doug Brenner）幫助我適應洛杉磯的生活，讓我在洛杉磯找到家的感覺，我對他們的感激無以言表。我還要感謝瓦倫蒂諾餐廳的史帝芬諾・恩加諾（Stefano Ongaro）先生，他那裡的義大利紅酒是世界上最棒的，我在那裡買了不少酒，每次去他的餐廳時都有賓至如歸的感覺。中國餐廳的貝拉・蘭茨曼（Bella Lantsman）和彼得・潘代爾（Peter Pendl）每次都給我貴賓般的待遇。我要特別感謝我的岳母凱瑟琳・西斯克（Kathryn Sisk），在我和妻子外出時，幫我們照看寶貝女兒凱蒂，讓我們可以安心地用餐。

最後，我想感謝我的妻子珍妮佛（Jennifer）為本書做出的巨大貢獻。這本書中大部分的觀點都來自我與她的分享，她用縝密的分析把這些觀點變得更加完整。每個認識我的人都知道，自從我和妻子相識起，珍妮佛就是我快樂和靈感的源泉，但我很少有機會能向她表達我的感激之情，她的智慧和心靈都是如此的優秀。沒有她就沒有這本書的存在，她也是我寫這本書的最大動力。

註釋

第一章　這麼成功，那麼失落

1. Cited in Erik Erikson (1968) *Identity: Youth and Crisis*. New York: W. W. Norton, p. 143.
2. Throughout this book I will describe people I have worked with in psychotherapy or in my executive coaching practice. To protect their identities, their names, as well as features of their jobs, ethnicity, residence, and the like, have been changed. These changes in no way alter the characteristics of their disorders or the outcomes of their attempts to resolve the conflicts that blocked them from achieving psychological gratification from success.
3. "Wall Street's Deep Throat," *Time*, December 31, 1999. McDermott was ultimately convicted on five counts of security fraud.
4. Steven Berglas (1986) *The Success Syndrome: Hitting Bottom When You Reach the Top*. New York: Plenum, pp. 198-212.
5. See, for example, Steven Berglas (1985) "Self-Handicapping and SelfHandicappers: A Cognitive/Attributional Model of Interpersonal SelfProtective Behavior." In Robert Hogan and W. H. Jones eds., *Perspectives in Personality*. Greenwich, Conn.: JAI Press, vol. 1, pp. 235-270.
6. Steven Berglas and E. E. Jones (1978) "Drug Choice as a Self-Handicapping Strategy in Response to Noncontingent Success," *Journal of Personality and Social Psychology*, 36, pp. 405-417.

7. J. A. Tucker, R. E. Vuchinich, and M. B. Sobell (1981) "Alcohol Consumption as a Self-Handicapping Strategy," *Journal of Abnormal Psychology*, 90, p. 229.
8. This theory was confirmed, albeit without reference to a psychological "disorder," in Jordan's autobiography, published in 1998, in which he indicated that a full year before his first retirement he knew he wasn't mentally committed to continuing his career.
9. See, for example, H. Levinson, "When Executives Burn Out," *Harvard Business Review*, May-June 1981, pp. 73-81.

第二章　缺乏鬥志是一種心理疾病

1. Steven Berglas (1986) *The Success Syndrome: Hitting Bottom When You Reach the Top*. New York: Plenum, pp. 198-212.
2. Ibid., p. 21.
3. Angus Campbell (1981) *The Sense of Well-Being in America.* New York: McGraw-Hill.
4. D. G. Meyers (1993) *The Pursuit of Happiness*. New York: Avon.
5. E. Diener, J. Horowitz, and R. A. Emmons (1985) "Happiness of the Very Wealthy," *Social Indicators*, 16, pp. 263-274.
6. Christopher Lasch (1978) *The Culture of Narcissism: American Life in an Age of Diminishing Expectations*. New York: W.W. Norton.
7. See Sigmund Freud (1916/1958) "Some Character Types Met Within Psychoanalytic Work." In his *Complete Psychological Works: Standard Edition*, vol. 14, ed. and trans. by James Strachey. London: Hogarth Press.
8. See, for example, "From Gold Medal to Nose Dive," *Boston Globe*, July 29, 1996, p. D4.
9. "Ups and Downs," *Newsweek*, June 24, 1996, p. 74.

10. See, for example, "'Sudden Wealth Syndrome' Brings New Stress," *New York Times*, March 10, 2000, pp. Al, A15; Berglas, *Success Syndrome*, pp. 83-93, 97-109.
11. "Face-to-Face:'1-2-3' Creator Mitch Kapor," *Inc.*, January 1987, pp. 31-38; quotation on p. 31.
12. Ibid., p. 32.
13. G. J. S. Wilde (1982) "The Theory of Risk Homeostasis: Implications for Safety and Health," *Risk Analysis*, 2, pp. 209-225.
14. Steven Berglas, "Your Work Is Never Done," *Inc.*, November 1997, p. 31.
15. See, for a review, W. Heron (1961) "Cognitive and Physiological Effects of Perceptual Isolation." In P. Solomon, P. E. Kubzansky, P.H. Leiderman, et al., eds., *Sensory Deprivation*. Cambridge, Mass.: Harvard University Press.
16. Steven Berglas, "The Case of the Entrepreneurial Arsonist," *Inc.*, December 1996, pp. 76-77.
17. See, for example, John E. Douglas and Mark Olshaker (1995) *Mindhunter*. New York: Scribner.
18. K. Swisher, "Move by Polese Allows Marimba to Shift Focus," *Wall Street journal*, July 26, 2000, pp. Bl, B4; S. Hansell, "Chief Executive of iVillage Gives Up Title to President," *New York Times*, July 29, 2000.
19. Karl Polanyi (1957) *The Great Transformation*. Boston: Beacon Press.
20. Mihaly Csikszentmihalyi (1999) "If We Are So Rich, Why Aren't We Happy?" *American Psychologist*, 54, pp. 821-827.
21. Leon Festinger (1954) "A Theory of Social Comparison Processes," *Human Relations*, pp. 117-140.
22. Csikszentmihalyi, "If We Are So Rich," p. 823.23
23. Staffan Burenstam Linder (1970) *The Harried Leisure Class*. New York: Columbia University Press.
24. Leon Festinger (1942) "Wish, Expectation, and Group Standards as Factors Influencing Levels of Aspiration," *Journal of Abnormal and Social Psychology*, pp. 184-200.
25. As noted earlier, to protect the identity of the people I have worked with, I have changed their names as well as

other identifying details.

26. Laurence J. Peter and Raymond Hull (1969) *The Peter Principle*. New York: Bantam Books.
27. Andrew Grove (1996) *Only the Paranoid Survive*. New York: Doubleday.
28. "Ken Olsen's Search for Redemption," *Fortune*, March 16, 1998, pp. 156-157.
29. "Cloudy Days in Tomorrowland," *Newsweek*, January 27, 1997, p. 86.

第三章　你為何總是感到疲憊

1. "So You Want to Change Your Job?" *Fortune*, January 15, 1996.
2. "The State of Greed," *U.S. News & World Report*, June 27, 1996, p. 67.
3. "Farewell, Fast Track," *Business Week*, December 10, 1990, pp. 192-200.
4. According to "American Scene," *Time*, June 12, 2000, all Americans are working more and enjoying it less. Between 1995 and 1999, the number of people staying out of work for stress-related complaints more than tripled.
5. William James (1890/1952) *The Principles of Psychology*. Chicago: Encyclopaedia Britannica Press, p. 200.
6. Peter Collier and David Horowitz (1984) *The Kennedys: An American Dream*. New York: Summit Books, p. 357.
7. Ibid.
8. See Steven Berglas and Roy F. Baumeister (1993) *Your Own Worst Enemy: Understanding the Paradox of Self-Defeating Behavior*. New York: Basic Books, p. 78.
9. Ibid., p. 77.
10. Ibid., p. 96.
11. Ibid., p. 122.
12. Abraham H. Maslow (1968, 1999) *Toward a Psychology of Being*. New York: John Wiley.
13. J. W. Brehm (1966) *A Theory of Psychological Reactance*. New York: Academic Press.

14. Maslow, *Psychology of Being*, p. 71.
15. Ibid., p. 72.

第四章　得不償失的復仇：傷害自己，是為了報復誰？

1. J.B. Raph, M. L. Goldberg, and A. H. Passow (1966) *Bright Underachievers*. New York: Teachers College Press.
2. Steven Berglas (1986) *The Success Syndrome: Hitting Bottom When You Reach the Top*. New York: Plenum, p. 131.
3. Albert Bandura (1977) "Self-Efficacy: Toward a Unifying Theory of Behavioral Change," *Psychological Review*, 84, pp. 191-215.
4. See, for example, Martin E. P. Seligman (1975) *Helplessness: On Depression, Development, and Death*. San Francisco: W. H. Freeman.
5. Richard Behar, "Wall Street's Most Ruthless Financial Cannibal," *Fortune*, June 8, 1998, p. 212.

第五章　成功者需要女性思維

1. E. R. Greenglass (1995) "Gender, Work Stress, and Coping: Theoretical Implications," *Journal of Social Behavior and Personality*, 10, pp. 121-134.
2. Jean Baker Miller (1976) *Toward a New Psychology of Women*. Boston: Beacon Press.
3. Ibid., p. 83.
4. E. R. Greenglass (1997) "Gender Differences in Mental Health." In H. S. Friedman, ed., *Encyclopedia of Mental Health*. San Diego: Academic Press.
5. According to the medical models of health, women are seen as being more vulnerable to certain disorders, especially depression, than men are, because of their reproductive function. Women are seen as being particularly at risk for depression during periods of hormonal change, such as menstruation, following childbirth, and at menopause. Three

syndromes associated with these stages of women's reproductive cycle-premenstrual syndrome or PMS, postpartum depression, and the menopausal syndrome are all purportedly determinants of women's depressive symptomatology. Yet because these syndromes are poorly defined, many researchers believe that they merely help justify beliefs in the biological inferiority of women rather than account for the higher incidence of depression in women. Of late a majority of psychiatric professionals have come to accept the theory that differential rates of depression between women and men are social psychological, rather than biologically determined.

6. Greenglass, "Gender, Work Stress, and Coping," p. 124.
7. For a full discussion of the literature on this topic, see Martin E. P. Seligman,(1975) *Helplessness: On Depression, Development, and Death*. San Francisco: W. H. Freeman; L. Y. Abramson, G. I. Metalsky, and L. B. Alloy (1989) "Hopelessness Depression: A Theory-Based Subtype of Depression," *Psychological Review*, 96, pp. 358-372; or L. Y. Abramson, M. E. P. Seligman, and J. D. Teasdale (1978) "Learned Helplessness in Humans: Critique and Reformulation," *Journal of Abnormal Psychology*, 87, pp. 49-74.
8. See Ron Chernow (1998) *Titan: The Life of John D. Rockefeller*, Sr. New York: Random House, 1998.
9. "Breaking the Silence," *Newsweek*, May 20, 1996.
10. See E. E. Jones and H. B. Gerard (1967) *Foundations of Social Psychology*. New York: John Wiley, pp. 256-308, for a complete discussion of this topic.
11. See, for example, S. E. Asch (1946) "Forming Impressions of Personality," *Journal of Abnormal and Social Psychology*, 41; pp. 258-290; and H. H. Kelly (1950) "The Warm-Cold Variable in First Impressions of Persons," *Journal of Personality*, 18, pp. 431-439.
12. Ram Charan and Geoffrey Colvin, "Why CEOs Fail," *Fortune*, June 21, 1999, p. 70.
13. "You Snooze, You Lose," *Newsweek*, July 21, 1997, p. 50.
14. See, for example, B. M. Staw and J. Ross, "Knowing When to Pull the Plug," *Harvard Business Review*, 1987, pp.

68-74.
15. Steven Berglas, "Pratfalls," *Inc.*, September 1996, pp. 23-24.
16. See Carol Gilligan (1982) *In a Different Voice: Psychological Theory and Women's Development*. Cambridge, Mass.: Harvard University Press, for a brilliant discussion of this issue.
17. J. Barthel, "Julie Christie: Simply Gorgeous ... and Awfully Smart," *Cosmopolitan*, February 1986, p. 187.
18. Matina A. Horner (1972) "Toward an Understanding of Achievement Related Conflicts in Women," *Journal of Social Issues*, 28, pp. 157-175.
19. Matina A. Horner (1968) "Sex Differences, Achievement Motivation and Performance in Competitive and Noncompetitive Situations." Ph.D. diss., University of Michigan, p. 125.
20. G. Sassen (1980) "Success Anxiety in Women: A Constructivist Interpretation of Its Sources and Significance," *Harvard Educational Review*, 50, pp. 13-25.
21. Erik Erikson (1968) *Identity: Youth and Crisis*. New York: W.W. Norton.
22. Greenglass, "Gender Differences in Mental Health."
23. See, for example, Chris Argyris, "Teaching Smart People to Learn," *Harvard Business Review*, May-June 1991, pp. 98-109.
24. Ibid., p. 103.
25. Greenglass, "Gender, Work Stress, and Coping," p. 127.
26. Argyris, "Teaching Smart People to Learn," p. 100.

第六章　追求成功，謹防走火入魔

1. D. Johnson, "Cheaters'Final Response: So What?" *New York Times*, May 16, 2000, p. A16.
2. Harvey Araton, "At Indiana, the Toadies Are Shocked," *New York Times*, May 16, 2000, p. A27.

3. Ibid.
4. Barbara Goldsmith, "The Meaning of Celebrity," *New York Times Magazine*, December 4, 1983, p. 75.
5. Ibid., p. 76.
6. See, for example, Zick Rubin (1973) *Liking and Loving: An Invitation to Social Psychology*. New York: Holt, Rinehart & Winston, pp. 113-134.
7. *Bartlett's Familiar Quotations*, 15th ed. (1982) Boston: Little, Brown, p. 648.
8. R. M. Huber (1971) *The American Idea of Success*. New York: McGrawHill, pp. 11-12.
9. Christopher Lasch (1978) *The Culture of Narcissism: American Life in an Age of Diminishing Expectations*. New York: W. W. Norton, p. 54.
10. See S. N. Eisenstadt, ed. (1968) *The Protestant Ethic and Modernization: A Comparative View*. New York: Basic Books.
11. Lasch, *Culture of Narcissism*.
12. Huber, *American Idea of Success*.
13. Harold J. Laski (1948) *The American Democracy*. New York: Viking Press, p. 39.
14. Benjamin Franklin (1958) *Autobiography and Other Writings*, ed. by Russel B. Nye. Boston: Houghton Mifflin, p. xi.15
15. Huber, *American Idea of Success*, p. 17.
16. Ibid., p. 47.
17. W. D. Ross, ed. (1955) *Aristotle: Selections*. New York: Charles Scribner's Sons, pp. 224-230.
18. Lasch, *Culture of Narcissism*, pp. 58-59.

第七章　擁抱挑戰，創新和改變

1. R. M. Yerkes and J. D. Dodson (1908) "The Relation of Strength of Stimulus to Rapidity of Habit-Formation," *Journal of Comparative Neurology and Psychology*, 18, pp. 458-482.
2. E. L. Deci (1975) *Intrinsic Motivation*. New York: Plenum.
3. Steven Berglas and Roy F. Baumeister (1993) *Your Own Worst Enemy: Understanding the Paradox of Self-Defeating Behavior*. New York: Basic Books, p. 158.
4. S. Gendron, "Dilbert Fired! Starts New Biz," *Inc.*, July 1996.
5. Christopher A. Bartlett and Sumantra Ghoshal, "Matrix Management: Not a Structure, a Frame of Mind," *Harvard Business Review*, July-August 1990, pp. 138-145.
6. See, for example, Martin E. P. Seligman (1975) *Helplessness: On Depression, Development, and Death*. San Francisco: W. H. Freeman.

第八章　征服高山，不如征服自己的內心

1. Sigmund Freud (1930/1961) *Civilization and Its Discontents*, trans. by James Strachey. New York: W.W. Norton, p. 11.
2. Christopher Lasch (1978) *The Culture of Narcissism: American Life in an Age of Diminishing Expectations*. New York: W. W. Norton, p. 40.
3. Erich Fromm (1956/1963) *The Art of Loving*. New York: Bantam Books, pp. 1-2.
4. Ibid., p. 12.
5. Erik Erikson (1968) *Identity: Youth and Crisis*. New York: W.W. Norton, p. 138.
6. Ibid.
7. Ibid.

8. Ibid., p. 139.
9. Jeffrey A. Sonnenfeld (1988) *Hero's Farewell: What Happens When CEOs Retire*. New York: Oxford University Press.
10. Erikson, *Identity*, p. 219.
11. Gaston Bachelard (1964) *The Psychoanalysis of Fire*, trans. Alan C. M. Ross. Boston: Beacon Press.
12. *Bartlett's Familiar Quotations*, 15th ed. (1982) Boston: Little, Brown, p. 786.
13. L. Kaufman, "Failed at Your Last Job? Wonderful! You're Hired," *New York Times*, October 6, 1999, p. C12.
14. "Brain Drain," *Business Week*, September 20, 1999, p. 120.
15. K. A. Cameron and M.A. Persinger (1983) "Pensioners Who Die Soon After Retirement Can Be Discriminated from Survivors by Post-Retirement Activities," *Psychological Reports*, 53, pp. 564-566.
16. M. H. Reich (1986) "The Mentor Connection," *Personnel*, 63, pp. 50-56.
17. Jean Baker Miller (1976) *Toward a New Psychology of Women*. Boston: Beacon Press, p. 83.

第九章　真正的幸福是個動詞

1. B. Stone, "Get a Life!" *Newsweek*, June 7, 1999, pp. 68-69. My analysis is based solely on what appears in *Newsweek*, which could, for a variety of reasons, be omitting significant details of the program that might alter my op1mons.
2. L. Kaufman, "Some Companies Derail the 'Burnout' Track," *New York Times*, May 4, 1999, p. C8.
3. Epictetus (1995) *The Art of Living*, trans. S. Lebell. New York: HarperCollins, p. 103.
4. Steven Berglas, "*Boom*! There's Nothing Wrong with You or Your Business That a Little *Conflict* Wouldn't Cure," *Inc*., May 1997, pp. 56-57.
5. ReutersNews.com, May 27, 2000.

6. ABCNews.com, May 27, 2000.
7. S. H. Greenberg, "The Karate Generation," *Newsweek*, August 28, 2000, p. 50.
8. See, for example, F. J. Sulloway (1979) *Freud: Biologist of the Mind*. New York: Basic Books, pp. 54-64.
9. H. L. Ansbacher and R. Ansbacher, eds. (1956) *The Individual Psychology of Alfred Adler*. New York: Basic Books.
10. Sigmund Freud (1923/1961) "The Ego and the Id." In his *Complete Psychological Works: Standard Edition*, ed. and trans. by James Strachey. London: Hogarth Press, vol. 19, pp. 3-66.
11. Epictetus, *Enchiridion*, ed. James Fieser (Internet Release, 1966).
12. S. F. Hayward (1998) *Churchill on Leadership*. Rocklin, Calif.: Prima Publishing, p. 121.
13. R. M. Huber (1971) *The American Idea of Success*. New York: McGrawHill, p. 9.
14. *Bartlett's Familiar Quotations*, 15th ed. (1982) Boston: Little, Brown, p. 680.
15. Friedrich Nietzsche (1968) *The Will to Power*, trans. by Walter Kaufmann and R. J. Hollingdale. New York: Vintage Books, p. 417.

內在驅動心理學（二版）：你被掏空了嗎？如何從精疲力竭中重燃工作熱情
Reclaiming the Fire: How Successful People Overcome Burnout

作　　者　史蒂芬・柏格拉斯（Steven Berglas）
譯　　者　左倩
責任編輯　夏于翔
協力編輯　王彥萍
內頁構成　李秀菊
封面美術　兒日

總 編 輯　蘇拾平
副總編輯　王辰元
資深主編　夏于翔
主　　編　李明瑾
業　　務　王綬晨、邱紹溢、劉文雅
行　　銷　廖倚萱
出　　版　日出出版
地址：231030新北市新店區北新路三段207-3號5樓
電話：02-8913-1005　傳真：02-8913-1056
網址：www.sunrisepress.com.tw
E-mail信箱：sunrisepress@andbooks.com.tw

發　　行　大雁出版基地
地址：231030新北市新店區北新路三段207-3號5樓
電話：02-8913-1005　傳真：02-8913-1056
讀者服務信箱：andbooks@andbooks.com.tw
劃撥帳號：19983379　戶名：大雁文化事業股份有限公司

印　　刷　中原造像股份有限公司
二版一刷　2024年8月
定　　價　450元
I S B N　978-626-7460-86-3

國家圖書館出版品預行編目（CIP）資料

內在驅動心理學：你被掏空了嗎？如何從精疲力竭中重燃工作熱情／史蒂芬・柏格拉斯（Steven Berglas）著；左倩譯.-- 二版. -- 新北市：日出出版：大雁出版基地發行, 2024.08
320面；15×21公分
譯自：Reclaiming the fire : how successful people overcome burnout
ISBN 978-626-7460-86-3（平裝）
1.CST: 壓力 2.CST: 抗壓 3.CST: 生活指導
176.54　　113010943